D1695680

AUF EINEN BLICK: GRAMMATISCHE GRUNDBEGRIFFE

von
Hans Gerd Rötzer

C.C. BUCHNERS VERLAG • BAMBERG

Auf einen Blick: Grammatische Grundbegriffe
von Hans Gerd Rötzer

Dieses Werk folgt der reformierten Rechtschreibung und Zeichensetzung. Ausnahmen bilden Texte, bei denen künstlerische, philologische oder lizenzrechtliche Gründe einer Änderung entgegenstehen.

1. Auflage 1 $^{3\,2\,1}$ 2000   99   98
Die letzte Zahl bedeutet das Jahr dieses Druckes.

Alle Drucke dieser Auflage sind, weil untereinander unverändert, nebeneinander benutzbar.

Redaktion: Gerhard C. Krischker
Einband und Layout: artbox Bremen
Gesamtherstellung: Fränkischer Tag GmbH & Co. KG, Bamberg

ISBN 3 7661 **4191** 0

VORWORT

Eine Grammatik ist systematisch aufgebaut. Wer sich in ihr informieren will, muss über die wichtigsten Grundbegriffe zur Wort- und Satzlehre bereits ein hinreichendes Vorwissen haben. Er muss z. B. den Unterschied zwischen einem Adverb und einem Adverbiale kennen. Dieses Vorwissen und vieles mehr wird in diesem Band angeboten. Die wichtigsten Begriffe aus dem Bereich der Grammatik werden - alphabetisch angeordnet - möglichst anschaulich vorgestellt. Jede Eintragung beginnt mit einer genauen Beschreibung und Erklärung des Begriffs, damit er in die Gesamtstruktur der Grammatik eingeordnet werden kann. An einzelnen Beispielen wird dargestellt, wo und wie der Begriff für eine genaue Text- oder Satzanalyse hilfreich und vielleicht auch notwendig ist.

Der Band **Grammatische Grundbegriffe** ist nicht einfach eine alphabetische Aufgliederung des Grammatikwissens; vielmehr soll den Lesern - d.h. den Lernenden wie den Lehrenden zugleich - anhand der einzelnen Stichpunkte eine „Einstiegsmöglichkeit" in den Gesamtkomplex der Sprachbeschreibung angeboten werden.

Der Band **Grammatische Grundbegriffe** ist eine umfassende Einführung - für jedermann - in die Sprachbeschreibung. Zur schnellen Information und zur Orientierung stehen am Ende des Bandes ein „Alphabetisches Verzeichnis der grammatischen Grundbegriffe" und eine Liste „Deutsche Entsprechungen zu einzelnen lateinischen und griechischen Fachbegriffen". Wer sich über weitere Einzelheiten noch genauer informieren will, dem hilft der abschließende Überblick „Bibliographische Hinweise".

H.G.R.

Abc

(das Abc, vgl. auch Alphabet)

Das Abc ist eine verbindlich angeordnete Reihenfolge der im Deutschen verwendeten Buchstaben; es ist nach den ersten drei Buchstaben benannt. Die Buchstaben als Schriftzeichen (vgl. Schrift) geben Laute (vgl. Konsonant, Vokal) wieder; es gibt sie als Großbuchstaben und als Kleinbuchstaben:

A - B - C - D - E - F - G - H - I - J - K - L - M - N - O - P - Q - R - S - T - U - V - W - X - Y - Z
a - b - c - d - e - f - g - h - i - j - k - l - m - n - o - p - q - r - s (ß) - t - u - v - w - x - y - z

Dazu kommen noch die Umlaute und Diphthonge, die im Abc nicht aufgeführt sind.

Für die **Umlaute** gibt es eigene Schriftzeichen; sie werden manchmal aber auch als Kombination „Vokal plus e" geschrieben: Ä (AE) / ä (ae) - Ö (OE) / ö (oe) - Ü (UE) / ü (ue). Bei der Einordnung der Umlaute in das Abc, z.B. bei der Reihenfolge der Artikel in einem Lexikon, gibt es zwei Verfahrensweisen:

- Der Umlaut wird wie der Vokal behandelt, auf den er zurückgeht - „ähneln" kommt nach „Ahne".

- Der Umlaut kann auch „zerlegt" werden - „üppig" (ueppig) kommt vor „Ufer".

Die **Diphthonge** sind zwar jeweils nur ein einzelner Laut, sie werden aber immer mit zwei Schriftzeichen aus dem Abc wiedergegeben: M**ai** - M**au**er - B**äu**me - **Ei**che - F**eu**er.

Eine Besonderheit ist das so genannte „scharfe S (ß)"; es wird nur als Kleinbuchstabe geschrieben, sonst bei Großschreibung durch „SS" ersetzt: Gruß / GRUSS - Straße / STRASSE.

Die Buchstaben/Schriftzeichen im Abc zeigen zwar, dass in der deutschen Rechtschreibung zumindest annäherungsweise eine Verbindung zwischen Laut und Buchstaben besteht oder angestrebt wird; im Deutschen - wie in den meisten Sprachen - gibt es aber mehr Laute als Schriftzeichen. Deshalb werden mehrere Schriftzeichen zur Wiedergabe eines einzelnen Lautes verbunden (z.B. Bu**sch**) oder die Längen und Kürzen von Vokalen werden durch besondere Kombinationen angezeigt (z.B. **Bee**t - **Be**tt). Zusätzlich ist aber noch zu berücksichtigen, dass in der deutschen Rechtschreibung das Stammprinzip gilt: Wörter müssen nach ihrer Herkunft geschrieben werden, auch wenn sie mittlerweile vielleicht anders ausgesprochen werden (Kind / „Kint" - ewig / „ewich"; vgl. Auslautverhärtung).

Abgeleitetes Wort

> Abgeleitete Wörter entstehen durch Erweiterung und/oder Veränderung des Stammwortes oder des Wortstamms. Da sie von einer verwandten Grundbedeutung ausgehen, gehören sie zu einer Wortfamilie. Im Einzelnen können aber wichtige Bedeutungsunterschiede auftreten.

Ableitungen können gebildet werden
- mit Hilfe von Präfixen und/oder Suffixen,
- durch Ablaut und/oder Umlaut,
- durch Wechsel der Wortart..

Alle diese Möglichkeiten zur Ableitung können auch ineinander gehen. Der Sinn der Ableitung ist es, die Bedeutungsvielfalt der Sprache zu erweitern:

kaufen - **ver**kaufen Sicht - **Aus**sicht alt - **ur**alt	Präfix
Kind - Kind**heit** grün - grün**lich**	Suffix
Berg - B**u**rg Schneide - Schn**i**tt	Ablaut
Fahrt - F**äh**rte fallen - f**ä**llen	Umlaut
Kauf - verkäuflich Busch - Gebüsch krank - Krankheit - kränklich binden - Bund - Verband werfen - Wurf - verwerflich	„kombinierte" Ableitungen und/ oder Wechsel der Wortart

Bei den abgeleiteten Verben ist zu unterscheiden zwischen festen Verbindungen und trennbaren Verben. Wenn das Stammwort betont ist, dann bildet die Ableitung durchgängig eine feste Verbindung: Sie *durchbohrten* die Wand. Wenn das Präfix betont ist, dann wird es bei bestimmten Konjugationsformen (vgl. Konjugation) vom Stammwort getrennt:

feste Verbverbindung	trennbares Verb
Der Saft *enthält* wichtige Vitamine.	Er *hält* den Termin nicht *ein*.
- enthálten -	- eínhalten -

Abkürzung

Bei den Abkürzungen ist zu unterscheiden zwischen den *Schriftkürzeln*, die zwar abgekürzt geschrieben, aber voll ausgesprochen werden, und den *Lautkürzeln*, die entsprechend der Abkürzung gesprochen werden. Dazu kommen *Kurzwörter*, *Kunstwörter* (vgl. auch Neologismus) und *Mischformen* .

I. Schriftkürzel
Sie setzen die Übereinkunft voraus, dass jedermann sie entziffern und im vollen Wortlaut wiedergeben kann. Sie sind Zusammenfassungen nach den Anfangsbuchstaben oder Wortteilen der einzelnen Wörter:

bzw.	- beziehungsweise
ca.	- circa (zirka)
d.h.	- das heißt
Fa.	- Firma
lat.	- lateinisch
NO	- Nordost
usw.	- und so weiter

II. Lautkürzel
Auch bei ihnen wird vorausgesetzt, dass jedermannn weiß, wovon die Rede ist. Man verständigt sich aber nicht mit Hilfe des vollständigen Wortlautes, sondern „artikuliert" nur den Lautwert der einzelnen Buchstaben in dieser Abkürzung:

BRD	- (Be-Er-De) Bundesrepublik Deutschland
EKZ	- (E-Ka-Zet) Einkaufszentrum

> PKW/ Pkw   - (Pe-Ka-We) Personenkraftwagen
> UKW   - (U-Ka-We) Ultrakurzwelle

III. Kurzwörter

Ein Kurzwort ist eine „halbe" Abkürzung; es wird nur ein Teil - meistens der Anfang des Gesamtwortes - wiedergegeben:

> Akku   - Akkumulator
> Fan   - (engl.) *fanatic*, begeisterter Anhänger
> Metro   - (frz.) *métropolitain*, hauptstädtisch; ursprünglich
>   nur die Pariser Untergrundbahn
> Twen   - (engl.) *twenty*, Leute zwischen 20 und 30
> Zivi   - Zivildienstleistender

IV. Kunstwörter

Ein Kunstwort ist meistens aus den Anfangsbuchstaben oder einzelnen Silben von mehreren Wortteilen oder Wörtern zu einer neuen klanglichen Einheit gestaltet:

> Azubi   - **A**us**zubi**ldender
> GAU   - **g**rößter **a**nzunehmender **U**nfall
> UFO / Ufo   - **u**nbekanntes **F**lug**o**bjekt
> UNO   - **U**nited **N**ations **O**rganization

V. Mischformen

Sie sind Kombinationen aus Abkürzungen und Vollwörtern:

> ABM-Stelle   -eine Arbeitsstelle aus dem staatlichen Hilfspro-
>   gramm „**A**rbeits**b**eschaffungs**m**aßnahme"
> Eurocheque - Barscheck, der in den meisten **euro**päischen Län
>   dern als Zahlungsmittel anerkannt wird
> Ökoladen   - ein Laden, in dem Produkte aus
>   ö**ko**logischemAnbau verkauft werden

Im Unterschied zu den Schriftkürzeln werden alle anderen Abkürzungen wie ein Nomen behandelt; sie können dekliniert werden: *Der Fahrer des PKWs / Pkws ist nicht bekannt. - Die Fans waren begeistert.*

Schriftkürzel und Lautkürzel werden durch einen Bindestrich mit einem Vollwort oder einer weiteren Abkürzung verbunden: LKW-Fahrer - UKW-Sender - Abt.-Leiter - SOS-Kinderdorf - km-Stand - röm.-kath.

Bei Abkürzungen, die voll ausgeprochen werden - d.h. bei Schrift-
kürzeln -, wird ein Punkt gesetzt: Tel. (Telefon) - Ms. (Manuskript) - Dr.
(Doktor). Der Punkt fehlt bei
- Maßeinheiten: g (Gramm) - km (Kilometer) - s (Sekunde) - kw (Kilowatt)
- Himmelsrichtungen: SW (Südwest)
- Währungsbezeichnungen: bfr (belgischer Franc) - öS (österr. Schilling)
- chemischen Bezeichnungen u.ä.: Mg (Magnesium) - Na (Natri-um)

Zu den Schriftkürzeln gehören auch die Ordinalzahlen, wenn sie in
Ziffern geschrieben werden; sie sind durch einen Punkt markiert: *Wir
kommen am 24. September zurück. - Friedrich I. (der Erste) hatte den
Beinamen Barbarossa.*

Ablaut

Unter Ablaut versteht man den Wechsel des Stammvokals
in einem Wortstamm. Er ist ein wesentliches Merkmal der
starken Verben, deren Stammformen durch Ablautreihen
gebildet werden:

singen	- **i** -	Präsens	1. Stammform
sang	- **a** -	Präteritum	2. Stammform
gesungen	- **u** -	Partizip II	3. Stammform

Bei den starken Verben gibt es mehrere Ablautreihen, die sich im Lauf
der Sprachgeschichte entwickelt haben:

e	- **a**	- **o**	b**e**rgen - b**a**rg - geb**o**rgen
i	- **a**	- **o**	schw**i**mmen - schw**a**mm - geschw**o**mmen
a	- **u**	- **a**	f**a**hren - f**u**hr - gef**a**hren
ei	- **i**	- **i**	b**ei**ßen - b**i**ss - geb**i**ssen

Der Ablaut findet sich auch in anderen Wortarten:

f**i**nden	-	F**u**nd	(Nomen)
r**ei**ßen	-	r**i**ssig	(Adjektiv)
geb**ie**ten	-	Geb**o**t	
fr**e**ssen	-	Fr**a**ß	
schn**ei**den	-	schn**i**ttig	

Der Ablaut tritt in allen indoeuropäischen (auch: indogermanischen) Sprachen auf. Das Germanische, aus dem sich das heutige Deutsch entwickelt hat, gehört zu dieser Sprachenfamilie. Das Grundschema ist der Wechsel von „**e**" zu „**o**"; daraus haben sich (bedingt auch nach der jeweiligen Wortbetonung) die einzelnen Ablautreihen entwickelt. Bei Fremdwörtern aus dem Griechischen ist dieses Grundschema teilweise noch erhalten:

(g**e**n)   -   Gen**e**se, G**e**n
(g**o**n)   -   Epig**o**ne

Die Grundbedeutung des griechischen Wortstamms *gen-* ist „erzeugen" / „entstehen". Damit ist sprachgeschichtlich auch das deutsche Wort „Kind" verwandt.

Abstraktum

(das Abstraktum, Plural: Abstrakta, lat.: vom Gegenständlichen gelöst - Begriffswort)

Ein Abstraktum ist ein Nomen, das sich nicht auf konkrete (vgl. Konkretum) Personen, Lebewesen oder Gegenstände bezieht, sondern einen Begriff, eine Idee, ein Gefühl oder eine Sammelbezeichnung wiedergibt. Im Einzelnen kann die genaue Unterscheidung zwischen einem Konkretum oder Abstraktum schwanken; sie hängt z.B. davon ab, ob ich mit dem Wort „Dackel" ein bestimmtes Tier - nämlich meinen Dackel *Felix* - oder die Hunderasse insgesamt meine.

Ferien - Urlaub - Lehrzeit	Begriff
Vernunft - Heimat - Zukunft	Idee
Glück - Trauer - Langeweile	Gefühl
Jugend - Alter - Menschheit	Sammelbezeichnung

Adjektiv
(das Adjektiv, Plural: Adjektive, lat.: das Beigefügte - Eigenschaftswort)

> Das Adjektiv ist eine deklinierbare Wortart. Die meisten Adjektive können Vergleichsformen (vgl. Komparation) bilden: *groß, größer, am größten.*

Inhaltliche Bestimmung
Das Adjektiv **charakterisiert** Personen, Dinge und Sachverhalte , bei denen es steht, oder es bestimmt sie näher: das *blonde* Mädchen, ein *steiler* Weg, eine *knifflige* Frage, *klare* Verhältnisse.
Das Adjektiv **urteilt** über Personen, Dinge und Sachverhalte oder bezeichnet sie näher: ein *freundlicher* Nachbar, ein *nützliches* Gerät, eine *undankbare* Aufgabe.
Das Adjektiv **registriert** oder **beschreibt** einen Zustand, in dem sich eine Person oder ein Ding befindet oder in den sie geraten: Die Spieler sind *müde*. - Die Suppe ist *heiß*. - Du wirst bald wieder *gesund*.
Viele Adjektive **vergleichen** Personen, Dinge oder Sachverhalte miteinander: Er ist *kleiner* als ich. - Dies scheint mir die *beste* Lösung. - Sie lief *schneller* als die *meisten*.

Verwendung im Satz
Im Satz kann das Adjektiv dreifach verwendet werden:
Das *alte* Haus bekommt
ein *neues* Dach.   - als Attribut (Satzgliedteil) zur näheren Bestimmung eines Nomens
Die Luft ist*feucht*.   - als Prädikativum (Gleichsetzung)
Sie spielten *gut*.   - als Adverbiale
Beachte: Als Prädikativum oder Adverbiale ist das Adjektiv nur dann endungslos, wenn es allein steht; in Verbindung mit einem Artikel bzw. Pronomen und/oder einem nachfolgenden Nomen wird es dekliniert: Deine Plätzchen sind (sehr gut) die *besten*. - Er sprach (leise) mit *leiser* Stimme.
Wenn das attributive Adjektiv (z.B. in Gedichten) nach dem Bezugswort steht, dann ist es meistens endungslos: O Täler*weit* , o Höhen ... - Hänschen *klein* ging allein ... -

Deklination des attributiven Adjektivs
Die Art der Deklination des attributiven Adjektivs hängt jeweils davon ab, ob ihm ein Artikel oder Pronomen mit einer Deklinationsendung vo-

rausgeht oder nicht. Man sollte sich folgende Faustregel merken: Wenn der Artikel bzw. das Pronomen durch seine Endung eindeutig Kasus, Numerus und Genus des attributiven Adjektivs (auch in Verbindung zum Bezugwort) bestimmt, dann wird das Adjektiv schwach dekliniert. Fehlen diese Voraussetzungen, dann wird das Adjektiv stark dekliniert. Eine dritte Möglichkeit ist die gemischte Deklination.

- schwache Deklination
Der bestimmte Artikel kennzeichnet durch seine Endungen (vgl. Suffix) eindeutig die Deklinationsformen; noch besser sind diese Endungen beim Demonstrativpronomen *dieser*, *diese*, *dieses* erkennbar.

	Singular		
	maskulin	feminin	neutral
Nominativ	der alte Baum	die dunkle Nacht	das kleine Kind
Genitiv	des alten Baumes	der dunklen Nacht	des kleinen Kindes
Dativ	dem alten Baum	der dunklen Nacht	dem kleinen Kinde
Akkusativ	den alten Baum	die dunkle Nacht	das kleine Kind

	Plural		
	maskulin	feminin	neutral
Nominativ	die alten Bäume	die dunklen Nächte	die kleinen Kinder
Genitiv	der alten Bäume	der dunklen Nächte	der kleinen Kinder
Dativ	den alten Bäumen	den dunklen Nächten	den kleinen Kindern
Akkusativ	die alten Bäume	die dunklen Nächte	die kleinen Kinder

- starke Deklination
Wenn dem attributiven Adjektiv kein Artikel bzw. Pronomen vorausgeht, dann übernimmt das Adjektiv die Endungen des Artikels. Eine Ausnahme bildet nur der Genitiv Singular Maskulinum/Neutrum mit der Endung -en.
(dies**er** harte Stein) hart**er** Stein - (dies**e** blaue Farbe) blau**e** Farbe - (dies**es** frische Brot) frisch**es** Brot - Aber: (der Duft dies**es** Brotes) der Duft frisch**en** Brotes

- gemischte Deklination
Die gemischte Deklination ist eine „Kombination" zwischen der schwachen und der starken Deklination. Wenn der unbestimmte Artikel oder ein Pronomen bzw. Numerale ohne Endung steht, dann geht die fehlende Endung auf das attributive Adjektiv über:
(dies**er** alte Baum) ein alt**er** Baum - (mit dies**er** kritischen Äußerung) mit manch kritisch**er** Äußerung - (dies**es** energische Eingreifen) ihr energisch**es** Eingreifen

- Paralleldeklination

Mehrere Adjektive vor einem Nomen werden parallel, d.h. auf die gleiche Weise dekliniert.

dieses *schöne*, endlich wieder *bezugsfertige alte* Gebäude - vor *hellem*, aber nicht übertrieben *farbigem* Hintergrund

Rektion bei Adjektiven

Einige Adjektive fordern nach sich einen bestimmten Kasus: Er war sich *seiner Sache* **sicher**. - Kann ich *Ihnen* **behilflich** sein ? - Ich glaube, dass er *dazu / zu allem* **fähig** ist.

Nominalisierung

Adjektive können die Wortart wechseln und die Aufgaben eines Nomens übernehmen; sie sind dann nicht mehr Attribute zu einem Nomen, sondern eigene „Hauptwörter": Die Bauleitung gab *grünes* Licht, aber die *Grünen* erwirkten einen einstweiligen Baustopp.

Adverb

(das Adverb, Plural: Adverbien, lat.: zum/beim Wort - Umstandswort)

> Das Adverb ist eine Wortart; es darf nicht mit dem Adverbiale verwechselt werden, das ein Satzglied ist. Das Adverb gehört zu den nicht flektierbaren Wortarten; man nennt es auch Umstandswort, weil es auf die besonderen „Umstände" eines Geschehens oder einer Aussage eingeht. Dabei werden inhaltlich vier Gruppen unterschieden:

Das Buch liegt **hier**.
Wohin gehst du?
- Lokaladverb
  (Ort, Richtung)

Wir sprachen **gestern** mit ihm.
Wir sind **immer** für dich da.
- Temporaladverb
  (Zeit, Dauer)

Ich kann dich **kaum** hören.
Ich habe **leider** keine Zeit.
- Modaladverb
  (Art und Weise)

Mach dir **deshalb** keine Sorgen!
Du hast **trotzdem** Recht.
- Kausaladverb
  (Grund)

Der Anteil der ursprünglichen oder einfachen Adverbien am Wortschatz insgesamt ist nicht sehr groß. Einfache Adverbien sind *bald,*
gern, jetzt, kaum, nicht, nie, nur, oben, oft, sehr, sonst, unten, wohl
usw. Einige dieser einfachen Adverbien können auch Vergleichs-
formen bilden: *bald - eher - am ehesten*; *gern - lieber - am liebsten*;
sehr - mehr - am meisten usw. Die meisten Adverbien sind entweder
aus anderen Wortarten abgeleitet oder Zusammensetzungen:

abends, eilends, bereits, spätestens	- Ableitungen
immerfort, vorgestern, nebenan, davor, seitdem, tagsüber, allerorts, rundweg	- Zusammensetzungen (vgl. auch Pronominal- adverb)

Adverbien können durch bestimmte Endungen zu Adjektiven werden:

Adverb	**Adjektiv**
Er will *bald* kommen.	Wir erwarten deine *baldige* Ankunft.
Er schaute *rückwärts* in den Spiegel.	Das *rückwärtige* Fenster ist vereist.
Wir schrieben *gestern* eine Arbeit.	Der *gestrige* Tag war anstren- gend.

Das Adverb kann im Satz verschiedene Aufgaben übernehmen:

Er spielt **oft** Tennis.	- als Adverbiale
Ich warnte ihn **davor**.	- als Präpositionalobjekt
Das Fahrrad **dort** gehört mir. Es war eine **sehr** steile Kurve. Es hat **fast** immer geregnet.	- als Attribut bei einem Nomen, Adjektiv oder Adverb
Warum fragst du? Ich weiß nicht, **wann** er kommt. Ich kenne eine Stelle, **wo** der Fluss nicht so tief ist.	- als Einleitewort zu einem Fragesatz oder Relativsatz

Adverbiale

(das Adverbiale, Plural: Adverbialien/Adverbialia, Neubildung aus dem Lateinischen „ad verbum", zum Verb hinzutretend - Umstandsangabe, Umstandsbestimmung)

Das Adverbiale darf nicht mit dem Adverb verwechselt werden. Das Adverb ist eine Wortart, das Adverbiale gehört zu den Satzgliedern. Im Unterschied zum Subjekt oder zu den Objekten ist das Adverbiale nicht immer unmittelbar auf das Verb im Prädikat bezogen oder von ihm abhängig (vgl. Valenz), sein Inhalt kann sich auch auf den ganzen Satz beziehen. Das Adverbiale bestimmt oder erläutert die besonderen Umstände (Zeit, Ort, Art und Weise, Grund usw.) eines Geschehens; deshalb ist es für den Inhalt einer Aussage wichtig: *Auf jeden Fall* werde ich dich *morgen* anrufen. - *Bei schönem Wetter* feiern wir *im Garten*. - *Wegen schlechten Wetters* muss das Spiel *leider* ausfallen.

Das Adverbiale kann aus verschiedenen Wortarten oder Wortgruppen bestehen:

Ich werde dich **hier** erwarten.	- Adverb
Er spricht **undeutlich**.	- Adjektiv
Wir haben **einige Stunden / stundenlang** daran gearbeitet. - Hier wird es **des Nachts / nachts** sehr kalt.	- Nomen im Akkusativ oder Genitiv
Unter diesen Umständen verzichten wir auf eine weitere Teilnahme. - **Daran** lässt sich nichts mehr ändern. - **Ohne Zögern / ohne zu zögern** stimmten sie zu.	- Präposition mit einer weite- ren Wortart

Ein Adverbiale kann auch durch einen Adverbialsatz ersetzt werden, vor allem dann, wenn weitere oder genauere Informationen über die Umstände erforderlich sind:

Trotz des Handikaps hielt sie bis zum Schluss durch. - **Obwohl sie sich tags zuvor einen Muskelriss zugezogen hatte,** hielt sie das Endspiel durch.

Die Umstände, die durch das Adverbiale näher bestimmt werden, lassen sich in mehrere Bedeutungsbereiche untergliedern:

Lokaladverbiale (Ort, Richtung)	Der PKW parkte **rechts** ein. - Der LKW kam **von links**.
Temporaladverbiale (Zeit)	Ich warte **schon über eine Woche** auf deine Antwort.
Modaladverbiale (Art und Weise)	Wir freuen uns **sehr** über deinen Besuch. - Er sprach **mit einem leichten Akzent.**
Kausaladverbiale (Grund)	**Warum** gähnst du? - Ich gähne **aus Langeweile.**
Instrumentaladverbiale (Mittel)	Er widersprach **mit handfesten Argumenten**. - Der Verkehr wird durch **durch Ampeln** geregelt.
Konditionaladverbiale (Bedingung)	**Bei Alkoholmissbrauch** kommt die Haftpflicht nicht für Schäden auf.
Konzessivadverbiale (Einräumung)	**Trotz widriger Winde** fanden sie den sicheren Hafen.
Konsekutivadverbiale (Folge)	**Zu aller Überraschung** brachte die Tombola mehr ein als erwartet.
Finaladverbiale (Zweck, Ziel)	Sie fuhren **zum Segeln** ans Meer.

Adverbialsatz
(vgl. Adverbiale)

Der Adverbialsatz ist ein erweitertes Adverbiale, d.h. das Satzglied ist zu einem Gliedsatz erweitert. Der Adverbialsatz beschreibt - wie auch das Adverbiale - die Umstände eines Geschehens, nur etwas ausführlicher: *Ohne deine Hilfe* hätte ich es nicht geschafft. - *Wenn du mir nicht immer wieder geholfen hättest*, dann wäre ich nicht rechtzeitig fertig geworden.

Die meisten Adverbialsätze beginnen mit einem Einleitewort (Konjunktion, Pronominaladverb); sie sind syndetische Nebensätze: Das Spiel musste ausfallen, *weil es pausenlos regnete*. - Ich fahre dich, *wohin du willst.* - In einzelnen Fällen steht der Adverbialsatz auch ohne ein Einleitewort (vgl. asyndetisch): *Sollte der Regen doch noch nachlassen*, dann spielen wir im Freien.

Im „Mittelfeld" zwischen Adverbiale und Adverbialsatz liegen der Infinitivsatz und der Partizipialsatz; sie sind verkürzte Gliedsätze: Er wich aus, *um den Bus vorbeifahren zu lassen / damit der Bus weiterfahren konnte.* - Sie stiegen, *obwohl vor dem Wettersturz gewarnt / obwohl ihnen alle abrieten*, trotzdem zur Schutzhütte hoch.

Zusammenhänge, wie sie in einem Satzgefüge mit einem Adverbialsatz dargestellt werden, können auch mit Hilfe von nebenordnenden Konjunktionen (vgl. Koordination) durch gleichrangige Sätze wiedergegeben werden: Die Straße war gesperrt, *weil ein Baum auf die Fahrbahn gefallen war.* - Es war ein Baum auf die Fahrbahn gefallen; ***deshalb*** *musste die Straße gesperrt werden.*

Die Adverbialsätze werden im Großen und Ganzen nach den Funktionen untergliedert, die auch jeweils für das Adverbiale gelten:

Lokalsatz (Ort, Richtung)	Die Schlüssel lagen, *wo es niemand erwartet hatte.*
Temporalsatz (Zeit, Dauer usw.)	*Als er mich sah*, kam er auf mich zu.
Modalsatz (Art und Weise)	*Ohne dass es jemand bemerkte,* verließ er den Saal.
Kausalsatz (Grund)	Er konnte nicht kommen, *weil er schon einen anderen Termin hatte.*
Instrumentalsatz (Mittel)	*Dadurch dass er die Notbremse zog*, hielt er den Zug auf freier Strecke an.
Konditionalsatz (Bedingung)	*Wenn du es wünscht*, dann helfe ich dir gerne.
Konzessivsatz (Einräumung)	*Obwohl sie über die Wetterlage genau informiert waren,* entschlossen sie sich trotzdem zum Aufstieg.
Adversativsatz (Gegensatz)	*Während Franz sich freute,* war Egon ziemlich wütend.
Konsekutivsatz (Folge)	Sie rannte so schnell, *dass sie nicht mehr einzuholen war.*
Finalsatz (Zweck, Ziel)	Ich möchte mit dir reden, *damit keine Missverständnisse zwischen uns bleiben.*

Adversativsatz

(vgl. Adverbialsatz, lat.: Gliedsatz , der einen Gegensatz ausdrückt)

> In einem Satzgefüge drückt der untergeordnete Adversativ-
> satz einen Gegensatz oder Unterschied zur Aussage des
> übergeordneten Hauptsatzes aus: *Während Inge gern ins
> Theater ging,* interessierte sich Franz vor allem für Fußball. -
> *Anstatt dass er in eine Fachwerkstatt gefahren wäre,* repa-
> rierte er nur notdürftig den Schaden an seinem Auto.

Im Unterschied zu anderen Adverbialsätzen ist der Adversativsatz weder eindeutig zu erfragen noch jeweils durch ein entsprechendes Adverbiale zu ersetzen.

Akkusativ

(der Akkusativ, nach dem lat. Verb „accusare", anklagen, anzeigen -
Wen-Fall, 4. Fall)

> Der Akkusativ ist der vierte der vier Kasus (vgl. Deklination);
> er wird durch „Wen oder was ?" erfragt. Im Satz (vgl. auch
> Satzglied) zeigt er an, wen oder was (Akkusativobjekt) eine
> Handlung (Prädikat) unmittelbar betrifft oder berührt: Ro-
> bert besuchte *seinen Freund*. - Die Gebrüder Grimm sam-
> melten *Volksmärchen*.

Ein transitives Verb (vgl. auch Valenz) fordert im Aktiv immer ein Akkusativobjekt: Sie holte *das Buch* aus dem Regal. - Die Kinder such-
ten *die Ostereier*.

Mehrere Präpositionen verlangen nach sich den Akkusativ: Wir gehen
in die Stadt. - Ich möchte Sie *auf einige Schwierigkeiten* hinweisen.

Manche Zeitangaben (vgl. Temporaladverbiale) können im Akkusativ
wiedergegeben werden: Ich habe *den ganzen Tag* auf deinen Anruf
gewartet. - Wir haben an dem Stück *mehrere Wochen* gearbeitet.

Akkusativobjekt

(nach lat.: Akkusativ, Objekt - Ergänzung im Wen-Fall)

> Das Akkusativobjekt (vgl. Objekt) ist ein Satzglied, das vom Verb im Prädikat zur Vollständigkeit des Satzes verlangt wird (vgl. Valenz):
>
> Er dreht *den Wasserhahn* zu.   **Wen** oder **was** dreht er zu?

Das Akkusativobjekt ist das häufigste Objekt; es steht bei transitiven Verben:

Die Lehrerin lobt *die Schüler*. - Sie baten *uns* um Hilfe.

Da bei den transitiven Verben die Handlung unmittelbar auf etwas gerichtet ist, nennt man das Akkusativobjekt im Deutschen auch „Zielgröße" oder „direktes Objekt".

Die Verben „lehren" und „kosten" können zwei Akkusativobjekte fordern. Bei Verben wie „nennen", „heißen" oder „rufen" bezeichnet das zweite Akkusativobjekt eine Gleichsetzung mit dem ersten:

Das hat *mich einige Mühe* gekostet. - Der Lehrer lehrt *die Kinder das kleine Einmaleins*. - Sie nannten *ihn einen Feigling*.

Aktiv

(das Aktiv, lat.: tätig - Tatform, Tätigkeitsform)

> Beim Genus des Verbs unterscheidet man zwischen zwei Sehrichtungen oder Aktionsweisen, ob nämlich jemand von einem Geschehen betroffen wird und es „erleidet" (vgl. Passiv) oder ob er an dem Geschehen *aktiv* beteiligt und der „Täter" ist:
>
> | **Passiv** | **Aktiv** |
> |---|---|
> | Das Fenster wird vom Kellner geschlossen. | Der Kellner schließt das Fenster. |

Entsprechend der inhaltlichen Bestimmung der Verben kann im Aktiv nicht nur eine Tätigkeit, sondern auch ein Vorgang oder ein Zustand wiedergegeben werden:

Franz kehrt die Straße.	**Tätigkeit**
Die Blätter welken.	**Vorgang**
Die Mühle liegt am Bach.	**Zustand**

Im Satz bildet der „Handlungsträger" das Subjekt; er bestimmt zumindest Person und Numerus des Verbs im Prädikat (vgl. Kongruenz):

Ich lese die Zeitung. *Wir* lesen ein Drama von Schiller. - *Die Sonne* ging unter. Die *Laternen* gingen an. - Im Garten steht *eine Birke. Die Fichten* stehen zu dicht.

Bei einigen wenigen Verben wird der Verursacher, wenn er fehlt oder nicht bekannt ist, im Subjekt durch das Pronomen „es" ersetzt; dies gilt vor allem bei „Wetterverben":

Der Zug donnert über die Brücke. Es donnert.
Da kann ja jeder hereinschneien! Es schneite zum Dach herein.
Das Papier knistert. Es knistert im Gebälk.

Bei den meisten Verben kann die Nennung des Urhebers durch das Passiv umgangen werden: Der Vertrag wird (von den Vertragspartnern) genau eingehalten. - Es wurde (von allen Beteiligten) dem Plan zugestimmt.

Akzent
(der Akzent, lat.: Betonung, Ton)

> Zu unterscheiden ist zwischen dem Wortakzent und dem Satzakzent.

Wortakzent:
Im Deutschen werden die meisten Wörter auf der Stammsilbe betont.

Be**schreib**ung - ver**geb**lich - über**hol**en

Bei trennbaren Verben und Zusammensetzungen, die auf trennbare Verben zurückgehen, wird die erste Silbe betont.

einkaufen - **Ein**kauf

ausgeben - **aus**giebig

Im Einzelnen gibt es zu diesen beiden Grundregeln Abweichungen.

unter**scheiden -** aber: **Unter**schied

Mehrsilbige oder zusammengesetzte Wörter können einen Haupt- und Nebenakzent haben.

Bequémlichkeìt - Fáhrverbòt

Satzakzent:

Der Hauptakzent liegt auf dem Satzteil, der besonders hervorgehoben werden soll.

So habe ich mir das nicht vorgestellt. - Das kann man auch *ganz anders* sagen. - *Ich* soll das gesagt haben? - Wir *müssen* zu einer Lösung kommen.

Die verschiedene Setzung des Hauptakzents ist meistens nur aus der mündlichen Wiedergabe zu erkennen. Im geschriebenen Text ist der Satzanfang oft eine Hilfe zur Hervorhebung.

Versuchen kann man es schon. Aber ich zweifle am Erfolg.

Alphabet

(das Alphabet, griech.: nach den Buchstaben „Alpha" und „Beta")

> Das Alphabet ist eine synonyme Bezeichnung für das Abc; sie kommt aus dem Griechischen und setzt sich aus den ersten zwei Buchstaben „Alpha" und „Beta" zusammen.

Die Reihenfolge der Buchstaben ist im Alphabet aber eine andere als im Abc. Wenn wir sagen, eine Geschichte sei „von A bis Z" erfunden, dann meinen wir - entsprechend der Reihenfolge im Abc - , dass die Geschichte von Anfang bis Ende erfunden sei. Im Neuen Testament sagt Gott nach der griechischen Fassung: „Ich bin das Alpha und das Omega." Das heißt sinngemäß: „Ich bin der Anfang und das Ende"; denn das griechische Alphabet endet mit dem Buchstaben Omega. Daraus entstanden im Deutschen die Redensarten, dass etwas „das A und O" für jemanden oder von einer Sache sei; damit wird die Wichtigkeit von etwas unterstrichen.

Angabe

(siehe unter Adverbiale)

Anlaut

> Unter Anlaut versteht man einen Laut, der am Anfang einer Silbe oder eines Wortes steht; er kann ein Vokal oder ein Konsonant sein:

*u*neben, *A*bend   - Vokal als Anlaut
*v*er*g*eben, *F*ahrt   - Konsonant als Anlaut

Bei Zusammensetzungen ist zwischen dem Anlaut des Bestimmungswortes und dem Anlaut des Grundwortes zu unterscheiden:

Ufer**b**öschung

Ufer (Bestimmungswort)   **B**öschung (Grundwort)

Anrede

> Die namentliche Anrede wird in Sätzen durch ein Komma abgetrennt oder zwischen Kommas gestellt: *Frau Müller*, ich kann Sie leider nicht gut hören. - Wann, *Frau Müller*, könnten wir uns treffen? - Sagen Sie mir doch bitte Ihre Kundennummer, *Frau Müller*!

Nach der Anrede am Briefanfang steht heute meistens ein Komma; man kann aber auch ein Ausrufezeichen verwenden oder ohne ein Satzzeichen schreiben:

Lieber Franz,   Sehr geehrte Frau Rall!   Sehr geehrter Herr Spang
heute kam deine   Heute kam Ihre   Wir bestätigen den Ein-
Karte an...   Karte an...   gang Ihres Schreibens...

Bei der höflichen Anrede (vgl. Höflichkeitsform) - z.B. in Briefen oder Formularen - werden das Personalpronomen und das Possessivpronomen großgeschrieben; das Reflexivpronomen wird immer kleingeschrieben: Wir freuen uns, dass *Ihnen* unser Angebot zugesagt hat und dass *Sie sich* mit *Ihrem* Team für uns entschieden haben.

Die vertrauliche Anrede in der 2. Person wird in allen Formen - mit Ausnahme des Satzanfangs oder nach einem abschließenden Satzzeichen - kleingeschrieben: Liebe Inge, *deine* Karte kam gestern an. Ich freue mich, dass *du* so schöne Ferien hattest. - Liebe Eltern, *eure* Karte kam gestern an. Ich freue mich, dass *ihr* so schöne Ferien hattet.- *Du* hast Recht. - Ich weiß es mit Sicherheit: *Du* hast Recht.
In Briefen steht zwischen der abschließenden Grußformel und der Unterschrift üblicherweise kein Satzzeichen; man kann es aber setzen, wenn man beispielsweise ein Versprechen oder eine Aufforderung „unterstreichen" will:

Mit freundlichen Grüßen	Bis bald!	Ich rufe dich bestimmt an!
(Ihr)	(Ihre)	(Dein)
Hans Müller	Inge Stern	Ingo

Apposition

(die Apposition, lat.: Beiordnung - Beistellung, Beisatz)

> Die Apposition ist ein Attribut, das aus einem Nomen oder aus einer nominalen Wortgruppe besteht; sie kann vor oder nach dem Bezugswort stehen, mit dem sie zumindest im Kasus übereinstimmt.

Nomen	**nominale Wortgruppe**
Königin Elisabeth	Gutenberg, *der Erfinder des Buchdrucks*
Bürgermeister Stolle	unicef, *das Kinderhilfswerk der UNO*
Karl *der Große*	Thüringen, *eines der neuen Bundesländer*

Wenn die Apposition vor dem Bezugswort steht und mit ihm eine feste Einheit bildet, dann wird sie nicht durch ein Komma abgegrenzt; dies betrifft Vornamen, Titel, „offizielle" Bezeichnungen usw:

Frau Dr. Erika Müller - *die Wochenzeitung* „Die Zeit" - *die neue Bundeshauptstadt* Berlin [aber: Berlin, *die neue Bundeshauptstadt*]

Nachgestellte Appositionen werden dann ohne Komma angefügt, wenn sie ein fester Bestandteil des Bezugswortes sind: Friedrich *der Große.* - Dies gilt auch für die Verbindung mit „als": Ich kenne Sie *als einen absolut verlässlichen Partner unserer Firma.*
Wenn die nachgestellte Apposition als inhaltliche Ergänzung zu verstehen ist, dann wird sie durch ein Komma abgegrenzt oder zwischen zwei Kommas gesetzt: Es folgte ein längeres Gespräch mit Frau Dr. Heller, *unsrer Hausärztin.* - Wir hatten mit Frau Dr. Heller, *unserer Hausärztin,* ein längeres Gespräch.

Die Apposition kann dann zur Parenthese werden, wenn die Abhängigkeiten innerhalb der Satzstruktur aufgehoben werden:

Apposition	**Parenthese**
Zusammen mit Inge, *meiner besten Freundin,* habe ich einen Sprachkurs in Südengland belegt.	Zusammen mit Inge *- sie ist meine beste Freundin* - habe ich einen Sprachkurs in Südengland belegt.

Artikel
(der Artikel, lat.: Gelenk, - Geschlechtswort)

> Der Artikel ist eine Wortart, die dekliniert wird. Er steht jeweils vor einem Nomen, er „begleitet" es. Er verdeutlicht die Deklinationsmerkmale des Nomens; deshalb stimmt er mit dem Nomen in Genus, Numerus und Kasus überein.

Man unterscheidet zwischen dem *bestimmten* und dem *unbestimmten* Artikel. Mit dem bestimmten Artikel - *der Gast, die Schwester, das Rathaus* - wird der Inhalt eines Nomens als etwas bereits Bekanntes oder etwas Bestimmtes gekennzeichnet; mit dem unbestimmten Artikel - *ein Zug, eine Straße, ein Gebäude* - wird auf etwas hingewiesen, das im Einzelnen erst noch näher bestimmt werden muss. Der bestimmte Artikel bildet Formen des Singulars und des Plurals: *der Baum, die Bäume*. Der unbestimmte Artikel wird im Plural durch entsprechende Pronomina, Numeralia oder Adjektive ersetzt: *in cincr Stadt, in einigen/manchen/*

zahlreichen Städten. Der Artikel kann mit einzelnen Pronomina zu e i n e m Wort verschmelzen: *vor dem Haus / vorm Haus, zu der Brücke / zur Brücke, in das Büro / ins Büro*.

Singular

	maskulin	neutral	feminin
Nominativ	der/ein Ball	das/ein Kind	die/eine Straße
Genitiv	des/eines Balls	des/eines Kindes	der/einer Straße
Dativ	dem/einem Ball	dem/einem Kind	der/einer Straße
Akkusativ	den/einen Ball	das/ein Kind	die/eine Straße

Die Formen des bestimmten Artikels lauten im Plural für alle drei Genera gleich.

Plural

Nominativ	die Bälle, Kinder, Straßen
Genitiv	der Bälle, Kinder, Straßen
Dativ	den Bällen, Kindern, Straßen
Akkusativ	die Bälle, Kinder, Straßen

asyndetisch
(griech.: unverbunden - ohne Konjunktion)

> Wenn Attribute, Satzglieder, Nebensätze oder Hauptsätze ohne Konjunktion nebeneinander stehen, dann spricht man von einer asyndetischen Reihung.

ein steiler, enger Weg	Attributreihe
Mit Energie, mit vereinten Kräften schafften sie es doch noch.	Satzgliedreihe
Die Tür, die man links sieht, die ein kleines Fenster hat, führt in den Hof.	Attributsatzreihe
Sollte dies stimmen, solltest du Recht haben, dann bin ich mit dem Plan einverstanden.	Gliedsatzreihe
Ich komme gleich, ich werde dir bei der Arbeit helfen.	Satzreihe

Attribut

(das Attribut, Plural: Attribute, nach dem lat. Verb „attribuere", beifü-
gen - das „Beigefügte", Beifügung)

> Das Attribut ist kein Satzglied, sondern ein Satzgliedteil. Es
> kann im Satz nur zusammen mit dem Bezugswort , dem es
> "beigefügt" ist, verschoben (Verschiebeprobe) werden.

Meistens ist ein Nomen das Bezugswort für das Attribut: der *hohe* Berg,
die Brücke *dort*, der Laden *an der Ecke.* Es gibt aber auch noch weitere
Verbindungen, bei denen man von einem Bezugswort sprechen kann:
jeder *von uns* (Pronomen), *recht* herzliche Grüße (Adjektiv), unten *am*
Fluss (Adverb), ein *hell* leuchtender Stern (Partizip). Daran ändert sich
nichts, auch wenn das Bezugswort selbst wieder ein Attribut zu einem
weiteren Bezugswort ist. Man spricht dann von Attributen ersten und
zweiten Grades, um die Abfolge der Abhängigkeit zu kennzeichnen: ein
mühsamer Weg (ersten Grades), ein *ziemlich/überaus* mühsamer Weg
(zweiten Grades).

Ähnlich verhält es sich mit den Wortarten im Attribut. Es wird zwar
überwiegend aus Adjektiven gebildet - dies führt oft zu der falschen
Gleichsetzung der Bezeichnungen „Adjektiv" und „Attribut" - , daneben
wird es aber auch aus anderen Wortarten oder durch eine Wortgruppe
gebildet: ein *alter* Baum (Adjektiv), der Eingang *zum Theater* (Nomen),
Heinrich *der Achte* (Numerale), *etwas* Neues (Pronomen), die Burg *dort*
oben (Adverb), die Kunst *zu lesen* (Verb im Infinitiv).

Attribute können vor oder nach dem Bezugswort stehen: ein *kleines*
Geschenk, ein *vielfach* geäußerter Wunsch, Hänschen *klein*, das Pro-
gramm *für heute*, die Nachricht *des Tages*.

- Wenn das vorangestellte Attribut ein Nomen, Adjektiv (auch Partizip), Pronomen oder Numerale ist, dann wird es in den meisten Fällen zusammen mit dem Bezugswort dekliniert: mit *Herrn* Klein, *lau-*
  warmes Wasser, *etliche* Nachfragen, beim *zweiten* Termin.
- Das nachgestellte Attribut wird in unterschiedlicher Weise mit dem
  Bezugswort verbunden. Adjektive können mit oder ohne Deklinationsendungen stehen: eine Wohnung, eine *kleine* und *geräumi-*
  ge / klein und *geräumig* (vgl. dazu auch Apposition). Attribute, die
  an einen Kasus oder eine Präposition gebunden sind, werden unverändert dem Bezugswort beigefügt: die Verschmutzung *der Flüsse*
  (Genitivattribut), die Schifffahrt *auf dem Rhein* (Attribut mit Präposition).

Attribute können, wenn weitere Einzelheiten mitgeteilt werden sollen, zu Attributsätzen ausgestaltet werden: Wir hatten einen *erholsamen* Urlaub. - Wir hatten einen Urlaub, *der uns allen sehr gut tat*.

Attributreihe

(vgl. Attribut)

> Mehrere gleichartige Attribute, die sich auf ein und dasselbe Bezugswort beziehen, bilden eine Attributreihe (vgl. auch Paralleldeklination).

Die einzelnen Attribute werden durch ein Komma getrennt, wenn die Konjunktionen „und"/ „aber" eingesetzt werden können: *Hier hängen viele Bilder* **alter italienischer** *Meister. - Es war eine* **schöne,** *(und)* **erlebnisreiche** *Reise.*

Attributsatz

(vgl. Attribut)

> Der Attributsatz ist ein Nebensatz; er steht für ein Attribut. Er bezieht sich - wie das Attribut - auf ein Bezugswort des übergeordneten Satzes (vgl. Satzgefüge), das er jeweils näher erläutert.

Attribut	**Attributsatz**
Er fährt ein *schrottreifes* Auto.	Er fährt ein Auto, *das beim nächsten TÜV-Termin bestimmt nicht mehr über die Runden kommt.*
Die Zufahrt *zum Marktplatz* ist für einige Tage gesperrt.	Die einzige Straße, *die zum Marktplatz führt,* ist wegen Bauarbeiten vorübergehend gesperrt.

Der Attributsatz kann aus verschiedenen Formen des Nebensatzes gebildet sein:

Sie nahmen einen Kredit auf, *den sie in Raten zurückzahlen wollten.*	Relativsatz
Die Befürchtung, *dass die Tilgung schwierig werden könnte*, war nicht falsch.	*Konjunktionalsatz*
Aber die Frage, *ob die Anschaffung unbedingt nötig gewesen wäre*, stellten sie sich zu spät.	indirekter Fragesatz
Deshalb kamen sie zu dem Entschluss, *bei künftigen Kreditkäufen vorsichtiger zu sein.*	Infinitivsatz
Doch der Kauf eines neuen Autos, *immer wieder um einen Monat verschoben*, warf alle guten Vorsätze über den Haufen.	Partizipialsatz

Attributsatzreihe

(vgl. Attribut)

Die Attribusatzreihe ist eine Aufzählung von Attributsätzen, die ein und demselben Bezugswort zugeordnet sind: Ich habe einen <u>Freund</u>, *der mir geduldig zuhört, auf den ich mich verlassen kann und dem ich vieles verdanke.*

Aufforderungssatz

Der Aufforderungssatz ist eine der drei Satzarten; sein Inhalt kann ein Befehl, eine Aufforderung, eine Bitte oder ein Wunsch (vgl. Wunschsatz) sein. Als Modus wird normalerweise der Imperativ verwendet. Am Satzende steht meistens ein Ausrufezeichen.

Hilf mir bitte! Sagt ihm nichts davon!	Der Aufforderungssatz kann ohne ein ausdrücklich angeführtes Subjekt gebildet werden; es „steckt" bereits in der Imperativform.
Hilf *du* mir doch! Sagt *ihr* es ihm!	Bei Hervorhebung des Ansprechpartners wird das Subjekt ausformuliert.

| Sagen *Sie* ihm bitte nichts davon! | Bei der Höflichkeitsform steht das Subjekt nach dem Prädikat; es muss immer gesetzt werden. |

Im Aufforderungssatz steht das einfache Prädikat an erster Stelle:

Überlege es dir genau! - **Denkt** an die Kosten! - **Kommen** Sie bitte!

Zusammengesetzte Prädikate bilden eine Satzklammer; der finite Prädikatsteil steht am Satzanfang, der infinite Prädikatsteil am Satzende:

Schreibt das Wort künftig **zusammen! - Lernen** Sie ein neues Fahrerlebnis **kennen**!

Aufforderungen, Befehle oder Wünsche werden aber nicht nur in der grammatischen Form des Aufforderungssatzes ausgedrückt; es gibt viele Möglichkeiten , die Aufforderung usw. anders auszudrücken oder höflich zu umschreiben:

Du solltest zum Zahnarzt gehen!	Aussagesatz mit Modalverb im Konjunktiv
Du bleibst hier!	Aussagesatz
Nicht vergessen!	Infinitiv
Könntest du mir helfen?	Satzfrage
Ruhe jetzt!	Kurzsatz

Auslaut

Unter Auslaut versteht man einen Laut, der am Ende einer Silbe oder eines Wortes steht; er kann ein Vokal oder ein Konsonant sein.

| **Zu**fahrt, Fall**e** | - Vokal als Auslaut |
| Au**s**fahrt, Sege**l** | - Konsonant als Auslaut |

Bei der Worttrennung ist zu beachten, dass abgeleitete Wörter und Zusammensetzungen nicht nach Sprechsilben, sondern nach Sprachsilben getrennt werden: Bei/stand, Amts/pflicht.

Auslautverhärtung

Im Verlauf der sprachgeschichtlichen Entwicklung hat sich bei manchen Wörtern der Auslaut „verhärtet": Die Konsonanten *b,d,g* werden zwar weiterhin in dieser Form geschrieben, ausgesprochen werden sie aber als *p,t,k*. Der Grund dafür ist die Beibehaltung des Stammprinzips auch in der Rechtschreibung: Wörter sollen nach ihrer Herkunft (Etymologie) geschrieben werden. Den ursprünglichen Lautwert nach der Herkunft erkennt man jeweils , wenn das Wort „erweitert" wird.

der Staub (gesprochen: *Staup)*   staubig (gesprochen: *staubig)*
das Kind (gesprochen: *Kint)*   die Kinder (gesprochen: *Kinder)*
der Tag (gesprochen: *Tak)*   vertagen (gesprochen: *vertagen)*

Ausrufesatz

Der Ausrufesatz kann nur inhaltlich als eigene Satzart bestimmt werden; denn das Prädikat steht - je nach Betonung der einzelnen Satzteile (vgl. Akzent) - an verschiedenen Stellen: Du *spielst* heute aber gut! - *Spielt* sie nicht fantastisch! - Wie toll das Spiel heute *läuft*!

Aussagesatz

Der Aussagesatz ist eine Satzart, in der etwas ausgesagt, behauptet, festgestellt oder mitgeteilt wird; er ist die häufigste Satzart.

Die Lehre dauert drei Jahre. - Du irrst dich. - Der Zug kam pünktlich. - Ich komme morgen zu euch.

Der Aussagesatz hat am Ende normalerweise einen Punkt. Wenn ich die Aussage besonders betonen will, kann auch ein Ausrufezeichen stehen:

Du sagst das einfach so. - So habe ich es auf keinen Fall gemeint!

Das einfache Prädikat steht im Aussagesatz an zweiter Stelle:

Meine kleine Schwester / **spielt** / im Hof.
       I   II   III

Beim zusammengesetzten Prädikat steht der finite Prädikatsteil an der zweiten Stelle , der infinite Prädikatsteil am Satzende; beide Prädikatsteile bilden eine Satzklammer:

Ich / **konnte** / gestern / mit ihr / **telefonieren**.
Ich / **habe** / gestern / mit ihr / **telefoniert**.
Ich / **rufe** / dich / morgen / **an**.

Durch Inversion kann am Satzanfang das Subjekt mit einem anderen Satzglied ausgetauscht werden. Dies gilt aber nicht für das Prädikat; es bleibt immer an der zweiten Stelle:

Die Ferien / beginnen / *heuer* / sehr spät.
Heuer / beginnen / **die Ferien** / sehr spät.

Ich / habe / ihn / *schon lange* / nicht mehr / gesehen.
Schon lange / habe / **ich** / ihn / nicht mehr / gesehen.

Die Grundstruktur des Aussagesatzes bleibt auch dann erhalten, wenn ein Satzglied durch einen Nebensatz ersetzt ist (vgl. auch Satzgefüge):

Wir / spielen / *bei Regen* / in der Halle.
Wir / spielen, / *wenn es regnet*, / in der Halle.

Bei Regen / spielen / wir / in der Halle.
Wenn es regnet, / spielen / wir / in der Halle.

Befehlssatz

(siehe unter Aufforderungssatz)

Begleiter des Nomens

Ein Nomen kann von einem Artikel, einem Pronomen, einem Numerale oder einem Adjektiv (als Attribut) begleitet werden; der „Begleiter" stimmt in Numerus, Kasus und Genus mit dem Nomen überein.

Der Wasserhahn ist undicht. - Das Rohr hat   - Artikel
ein Leck.

Mit *diesem* Ergebnis habe ich nicht gerechnet. - - Pronomen
Mit *deiner* Hilfe werden wir es schaffen.

Es kamen über *hundert* Zuschauer. - Sie   - Numerale
stand schon beim *ersten* Wurf als Siegerin fest.

Es war ein *faires* Spiel. - Das *neue* Team über- - Adjektiv
zeugte.   (als Attribut)

Bestimmungswort

Das Bestimmungswort ist der erste Teil eines zusammengesetzten Wortes (vgl. Zusammensetzung). Es gibt über den zweiten
Teil, d.h. über das Grundwort, genauere Auskunft; es präzisiert
den Inhalt des Grundwortes: **Ziegel**dach (ein Dach aus **Ziegeln**)
- **Kupfer**dach (ein Dach aus **Kupferblech**).

Bezugswort

Unter Bezugswort versteht man ein Nomen, auf das sich ein
Attribut oder ein Attributsatz bezieht.

Wir wohnen in einer
alten   - Attribut
Mühle,   - Bezugswort
die unter Denkmalschutz steht. - Attributsatz

Das Attribut stimmt in Genus, Numerus und Kasus mit dem Bezugswort überein:

Alle waren von den *originellen* - Genus: Maskulinum
Vorschlägen begeistert.   - Numerus: Plural
                                  - Kasus: Dativ

Der Attributsatz - meist ein Relativsatz - übernimmt im Einleitewort das Genus und den Numerus des Bezugswortes; der Kasus des Einleitewortes aber richtet sich nach der Struktur des Attributsatzes:

Die **Stadt**, *in der ich wohnen möchte*, heißt Bamberg.

- Kasus des Bezugswortes: Nominativ
- Kasus des Einleitewortes: Dativ

Die Abhängigkeit des Attributsatzes vom Bezugswort kann auch durch Adverbien und Pronominaladverbien wiedergegeben wèrden: An der **Stelle**, *wo die Gegner sich versöhnten*, steht heute ein Denkmal. - Die **Vereinbarung**, *worauf Sie sich beziehen,* wird vom Gericht nicht anerkannt.

Binnensatz

Einen Nebensatz, der in einem Satzgefüge vom Hauptsatz umschlossen wird, nennt man Binnensatz oder auch Zwischensatz; er steht zwischen zwei Kommas.

Ich kann heute, *obwohl ich es dir versprochen hatte,* leider nicht kommen.   Gliedsatz

Ich kann den Termin, *den ich mit dir vereinbart habe*, leider nicht einhalten.   Attributsatz

Bei einer Parenthese hängt der eingeschobene Satz nicht unmittelbar von der Struktur des umschließenden Satzes ab; er ist sozusagen „ein Satz im Satz". Deshalb kann man in diesem Fall nur im weiteren Sinn von einem Binnensatz sprechen: Ich traf ihn - *wer hätte das gedacht!* - tatsächlich zu Hause an.

Buchstabe

Buchstaben sind Schriftzeichen, die Laute (Vokale, Konsonanten) wiedergeben. Nicht jedem Laut oder Lautwert (z.B. Länge oder Kürze: *Beet, Bett*) entspricht ein Buchstabe; es gibt weniger Buchstaben (vgl. Abc) als Laute.

Daher werden einige Laute mit mehreren Buchstaben umschrieben: A*sch*e, Ra*ch*e, bri*ng*en.
Es kann aber auch ein und derselbe Laut in der Schrift verschieden wiedergegeben werden: B*o*te, M*oo*s, R*oh*r - *V*ater, *F*aden, *Ph*ilosophie.
Ein Buchstabe oder eine Buchstabengruppe kann für verschiedene Laute stehen: *C*amping , *C*ello - Ra*ch*e, *Ch*or, *Ch*arme.

Dazu kommt die Schwierigkeit, dass die deutsche Rechtschreibung sich überwiegend nach dem Stammprinzip richtet: Die Wörter werden nach ihrer Herkunft (vgl. Wortstamm, Stammwort) geschrieben, auch wenn sie in einzelnen Formen bereits anders ausgesprochen werden: *Kint* - Kind/Kinder, *Tac* - Tag/Tage , *ewich* - Ewigkeit (vgl. Auslautverhärtung).

Das Stammprinzip gilt auch bei den Umlauten und Diphthongen:

behände (*Hand*) - überschwänglich (*Überschwang*)

Gebäude (*bauen*) - Gemäuer (*Mauer*)

Vom Laut her ist zwischen „be<u>hände</u>" und „am <u>Ende</u>" oder zwischen „Ge<u>mäuer</u>" und „ge<u>heuer</u>" kein Unterschied, wohl aber nach der Herkunft der Wörter. Deshalb ist es für die Rechtschreibung wichtig zu wissen, woher die Wörter im Einzelnen kommen. Doch dies ist oft nur aus einem Wörterbuch zu erfahren.

Dativ

(der Dativ, nach dem lat. Verb „dare", geben, zuwenden - Wem-Fall, 3. Fall)

> Der Dativ ist der dritte der vier Kasus (vgl. Deklination); er wird durch „Wem?" erfragt. Im Satz (vgl. auch Satzglied) zeigt er an, wem (Dativobjekt) eine Handlung gilt oder auf wen bzw. worauf sich die Aussage (Prädikat) bezieht: Er schrieb *seiner Freundin / seinen Eltern* einen Brief. - Das Fahrrad gehört *mir / meiner Schwester*.

Mehrere Präpositionen verlangen nach sich den Dativ: Wir sind gerade *aus dem Urlaub* zurückgekommen. - *In den Alpen* schneit es.

Dativobjekt

(nach lat.: Dativ, Objekt - Ergänzung im Wem-Fall)

> Das Dativobjekt (vgl. Objekt) ist ein Satzglied, das vom Verb im Prädikat zur Vollständigkeit des Satzes verlangt wird (vgl. Valenz):

Das Angebot entsprach nicht *den Erwartungen*.

Wem entsprach es nicht?

Das Buch gehört *meiner Schwester*.

Wem gehört das Buch?

Das Dativobjekt steht bei intransitiven Verben oder bei Verben, die zwei Objekte fordern:

Sie entkamen nur knapp *der Gefahr*. - Sie zeigten *den Touristen* den kürzesten Weg.

Im Deutschen wird das Dativobjekt oft mit „Zuwendgröße" übersetzt. Diese Bezeichnung versucht die Funktion des Dativobjekts im Satz zu charakterisieren:

Sie wandten sich *einer neuen Aufgabe* zu. - Die Spende wurde *dem Kinderhilfswerk* übergeben.

Deklination

(die Deklination, lat.: Beugung des Nomens, seiner Begleiter und Stellvertreter)

> Neben dem Nomen gehören auch Adjektiv, Artikel, Pronomen und Numerale zu den deklinierbaren Wortarten; innerhalb des Satzes können sie in verschiedenen Deklinationsformen verwendet werden.

Die Deklination ist nach drei Merkmalen bestimmt:

Genus (Geschlecht)

maskulin	der hohe Berg - dieser - mancher
feminin	unsere kleine Katze - sie - die Zweite
neutral	ein kleines Kind - es - welches? - vieles

Numerus (Zahl)
Singular   der Baum - die Spur - das Rad - der Kranke - er - jeder
Plural   die Bäume - die Spuren - die Räder - die Kranken - sie - alle

Kasus (Fall)

Nominativ	Wer oder was?	der hohe Berg
Genitiv	Wessen?	(die Geschwister) meiner Mutter
Dativ	Wem?	deinen beiden Brüdern
Akkusativ	Wen oder was?	einen vielfach geäußerten Wunsch

Nicht in allen Deklinationsformen sind die einzelnen Merkmale eindeutig erkennbar. Teilweise hilft der Sinnzusammenhang (Kontext) weiter, teilweise werden die Merkmale auch zusätzlich oder doppelt markiert. So ist z. B. beim Nomen der Artikel (*dem Mädchen*) oder der Umlaut (*die Stadt - die Städte*) zur weiteren Bestimmung sehr hilfreich - oder beim Adjektiv als Attribut die Verbindung zum Bezugswort (*in diesem neuen Viertel - neue Besen*).

Nach den Deklinationsendungen unterscheidet man beim Nomen und beim Adjektiv (z.T. auch beim Numerale) zwischen der starken, schwachen und gemischten Deklination.

Demonstrativpronomen

(das Demonstrativpronomen; zur Pluralbildung vgl. Pronomen; lat.: hinweisendes Fürwort)

Als Begleiter des Nomens oder an dessen Stelle weist das Demonstrativpronomen auf etwas hin, das entweder schon bekannt ist oder genauer bestimmt werden soll: *Wenn ich den erwische! - Wir gehen in **dieselbe** Schule. - Mit **diesem** Beifall hatte er nicht gerechnet.*

Zu den Demonstrativpronomina gehören: *der, die, das* (mit Betonung) - *dieser, diese, dieses - jener, jene, jenes - derjenige, diejenige, dasjenige - derselbe, dieselbe, dasselbe*. Die einfachen Demonstrativpronomina werden - mit wenigen Ausnahmen - wie der bestimmte Artikel dekliniert, die zusammengesetzten Demonstrativpronomina wie der bestimmte Artikel plus Adjektiv: *hinter **dem (diesem, jenem)** Haus - **das kleine (dasjenige, dasselbe)** Haus.* Die Ausnahmen beziehen sich auf das Demonstrativpronomen „der, die, das". Im Genitiv/Singular heißt es *dessen* (Maskulinum und Neutrum) und *deren* (Femininum): *die Schwester* *meines Freundes / dessen Schwester - der Freund meiner Schwester / deren Freund*. Im Genitiv/Plural ist zu unterscheiden zwischen *deren*, wenn auf bereits Genanntes hingewiesen wird, und *derer*, wenn die Erklärung erst noch folgt: *Kennt ihr noch die Zwillinge aus der Nachbarschaft? Nein, **deren** können wir uns nicht mehr erinnern. - Die Zahl **derer**, die noch in das Stadion drängten, war sehr groß.*

Das Demonstrativpronomen *solcher, solche, solches* kann auf zweifache Weise dekliniert werden: 1. wie das Adjektiv ohne Artikel (*mit **großer** Hilfe, mit **solcher** Hilfe*), 2. wie das Adjektiv mit dem unbestimmten Artikel (*nach **einem heftigen** Sturm, nach **einem solchen** Sturm*). Wenn „solch" vor dem unbestimmten Artikel steht, bleibt es unverändert: *Mit **solch einem** Ergebnis hatte niemand gerechnet.*

denotativ

(lat.: eindeutig festgelegt - Grundbedeutung eines Wortes)

Ein Wort kann verschiedene Bedeutungen (vgl. Semantik) haben. Man unterscheidet zwischen der Grundbedeutung und der Nebenbedeutung (vgl. konnotativ). Die (denotative) Grundbedeutung ist meistens unabhängig vom Kontext, in dem das Wort steht; sie wird im Wörterbuch jeweils zuerst genannt. Die (konnotative) Nebenbedeutung hängt vom Zusammenhang ab, in dem das Wort steht; sie gibt der Grundbedeutung eine andere Nuance, einen Nebensinn, z. B. dadurch dass ein Begriff oder eine Aussage bildlich oder im übertragenen Sinne (vgl. Metapher) verwendet wird. Dabei ist aber zu beachten, dass auch der Nebensinn von der Grundbedeutung des Wortes abhängt.

Grundbedeutung (denotativ)	Nebenbedeutung (konnotativ)
Die Brüder Grimm sammelten *Märchen.*	Erzähl mir doch keine *Märchen.*
Der Baum stand in voller *Blüte.*	Der Hundertmarkschein war eine *Blüte.*
Würdest du bitte das Regal *abstauben?*	Wo hast du den Aschenbecher *abgestaubt.*

Im Verlauf der Sprachgeschichte kann auch eine Nebenbedeutung zur Hauptbedeutung werden: Der *Flickschuster* war ursprünglich ein Schuster, der Schuhe reparierte. Heute meint man mit der Bezeichnung jemand, der stümperhaft arbeitet.

Diminutivum

(das Diminutivum/Diminutiv, Plural: Diminutiva/Diminutive, lat.: Verkleinerung)

> Durch die Endungen *-chen* und *-lein* können Nomina „verkleinert" werden. So verkleinert sich *Baum* zu *Bäumchen* und *Ring* zu *Ringlein.* Das Genus ist beim Diminutivum das Neutrum: der Baum – das Bäumchen, die Maus – das Mäuslein. Das Diminutivum ist nicht nur eine „Verkleinerungsform" für einen Gegenstand oder Begriff es kann auch eine besondere Sympathie wiedergeben, z. B. in Kosewörtern: Schätzchen, Brüderlein.

Diphthong

(der Diphthong, Plural: Diphthonge, griech.: Zwielaut)

> Diphthonge sind Laute, die mit zwei verschiedenen Vokalen wiedergegeben werden; dabei werden beide Vokale als ein einziger Laut gesprochen:

Baum	-	au	**Bäu**me	-	äu
reisen	-	ei	h**eu**te	-	eu

Der Lautwert des Diphthongs „ei" wird bei einzelnen Wörtern oder bei einem Eigennamen auch durch „ai", „ay" oder „ey" wiedergegeben:

Seite (aber: **Sai**te)	Bedeutungsunterschied
Hai, **Kai**ser, **Mai**	Ausnahmen von der Regel
Mayer, **Kay**ser	Eigennamen
Fr**ey**enstein	Ortsname

Vom Diphthong zu unterscheiden sind Vokalgruppen, bei denen der zweite Vokal die Funktion eines Dehnungszeichens hat: S**aa**t, M**ee**r, v**ie**l, M**oo**s.

Direkte Rede

In der direkten Rede wird unverändert wiedergegeben, was jemand wörtlich gesagt hat; sie wird durch Anführungszeichen gekennzeichnet. Ein Begleitsatz am Anfang, in der Mitte oder am Ende erklärt oder charakterisiert die Redesituation.

Er entschuldigte sich: „Das tut mir wirklich Leid!"
Sie fragte ihn: „Kommst du mit?"

Er sagte: „Nein, ich bleibe hier."

- Nach dem *einleitenden Begleitsatz* steht ein Doppelpunkt. Das erste Wort der direkten Rede wird großgeschrieben. Das Satzzeichen, das zur direkten Rede gehört, steht vor dem abschließenden Anführungszeichen.

„Wann endlich", fragte ich, „willst du mir die Bücher zurückbringen?"
„Ich komme morgen", sagte er, „und bringe sie dir."
„Wenn es dir passt", sagte er, „dann bringe ich sie dir morgen."

- Ein *eingeschobener Begleitsatz* steht zwischen zwei Kommas, wenn die direkte Rede ein Hauptsatz, eine Satzreihe oder ein Satzgefüge ist.

„Wie lange ist der Laden geöffnet?", fragte ich.
„Bleibt doch einen Tag länger!", bat sie uns.
„Wir müssen morgen wieder arbeiten", antworteten wir.

- Vor dem *nachgestellten Begleitsatz* steht ein Komma. Fragezeichen und Ausrufezeichen bleiben erhalten; aber ein Punkt am Ende der direkten Rede wird weggelassen.

„Ich habe wenig Zeit", entschuldigte er sich. „Vielleicht rufst du mich morgen an."

- Wenn die direkte Rede aus zwei oder mehreren *Hauptsätzen* besteht, dann wird nach dem eingeschobenen Begleitsatz ein Punkt gesetzt.

Er sagte: „Das haben wir gleich", und griff zum Hörer.
Sie fragten uns: „Wo ist der Bahnhof?", aber wir wussten es auch nicht.

- Begleitsätze können auch umfassender sein, aber an den Grundregeln zur Zeichensetzung bei der direkten Rede ändert sich nichts.

Sag doch nicht immer: „Was soll ich denn machen ?" !

Warum fragst du ständig: „Was soll ich denn tun ?" ?
Sag doch nicht immer: „Bleib bitte hier!" !

- Sowohl der Begleitsatz als auch die direkte Rede behalten ihr Ausrufe- oder Fragezeichen. Wenn Frage- oder Ausrufezeichen sowohl zum Begleitsatz als auch zur direkten Rede gehören, dann werden sie doppelt gesetzt.

Eigenname

Eigennamen gehören als Wortart zum Nomen: *Friedrich Schiller, Goethes* Werke, die Lyrik des frühen *Rilke.* Bei mehrteiligen Eigennamen wird auch das Attribut großgeschrieben: *Karl der Große, die Süddeutsche Zeitung, die Vereinigten Staaten von Amerika, der Heilige Abend.*

Im Einzelnen unterscheidet man:

- **Personennamen**

Ulrike, Hans-Martin, Friedrich Ebert, Ulrich von Hutten, Lucas Cranach der Ältere

- **Geographische Namen**

Australien, der Stille Ozean, Frankfurt/ Oder, Schwäbische Alb, Kennedyallee, Georg-Büchner-Platz, Berliner Straße

- **Verbindliche Bezeichnungen im Sinne eines Eigennamens**

der Deutsche Bundestag, das Zweite Deutsche Fernsehen, der Schiefe Turm von Pisa, der Blaue Enzian (ein Zug der Bundesbahn), der Erste Bürgermeister, der Rote Milan, der Westfälische Friede

Zur Deklination von Eigennamen:
Einteilige Eigennamen haben im Genitiv die Endung -*s*: *Bölls* Kurzgeschichten, *Chinas* Grenzen. In Verbindung mit einem Artikel und einem erläuternden Attribut, das nicht Bestandteil des Eigennamens ist, wird der Eigenname ohne Endung dekliniert: die Lyrik des jungen *Goethe*, die Geschichte des antiken *Rom.* Bei Personennamen wird der Artikel nur umgangssprachlich verwendet: *der Franz*, bei *den Müllers*. In allen anderen Fällen werden mehrteilige Eigennamen wie ein Nomen mit einem Attribut dekliniert: *auf der Fränkischen Alb*, *in der Alten Oper von Frankfurt*, die Folgen *des Zweiten Weltkrieges*.

Zur Kleinschreibung von Ableitungen aus Eigennamen:
Ableitungen von geographischen Eigennamen auf *-er* schreibt man groß:
der Darmstädter Büchnerpreis, die Prager Altstadt.
Ableitungen von geographischen Namen oder Personennamen auf
-(i)sch werden kleingeschrieben, außer wenn sie ein fester Bestandteil
des Eigennamens sind: *die österreichischen Autobahnen* (aber: *der
Österreichische Rundfunk, ORF), der indische Subkontinent* (aber: *der
Indische Ozean), die grimmschen Märchen.* Wenn in einer Ableitung
der Eigenname hervorgehoben werden soll, dann muss vor der Endung ein Apostroph stehen: *die Grimm'schen Märchen.*

Merke: In Wortgruppen, die zwar zu festen Begriffen geworden sind,
aber keine Eigennamen sind, wird das Attribut kleingeschrieben: *das
große Los, die gelbe Karte, ein schwarzes Schaf.*
Diese Unterscheidung ist aber nicht immer eindeutig zu klären: *erste
Hilfe* (vor Ort) *leisten, ein Kurs in Erster Hilfe beim Roten Kreuz, der
Erste Mai; die heilige Elisabeth, die Heiligen Drei Könige, die heilige
Messe, der Heilige Vater.*

Einleitewort

In einem Satzgefüge werden Nebensätze meistens durch eine
Konjunktion, ein Pronomen oder ein Adverb mit dem Hauptsatz
verbunden (vgl. asyndetisch und syndetisch); deshalb spricht
man auch - neben der Gliederung nach Wortarten - von Ein-
leitewörtern:

Er spielte, *obwohl* er Fieber hatte.	Konjunktion	**Gliedsatz**
Wer das behauptet, lügt.	Pronomen	
Ich weiß nicht, *wann* er kommt.	Adverb	
Die Frage, *ob* das auch stimmt, kann niemand beantworten.	Konjunktion	**Attributsatz**
Sie zeigte Aufnahmen, *die* alle Er- wartungen übertrafen.	Pronomen	
Am Ufer, *wo* überall noch Schilf wächst, soll eine Schnellstraße gebaut werden.	Adverb	

Ellipse

(die Ellipse, griech.: Auslassung - Auslassungsatz)

Sowohl in Gesprächen oder Redesituationen als auch in größeren Textzusammenhängen wird nicht jeder Satz vollständig ausformuliert: Was bereits gesagt/geschrieben oder aus der Situation bekannt ist, wird nicht in allen Einzelheiten wiederholt (dies geschieht nur bei einer ausführlichen Satzanalyse in der Grammatik); Sprecher(in) und Hörer(in) bzw. Schreiber(in) und Leser(in) wissen, wovon die Rede ist und ergänzen sich gedanklich die restlichen Teile. Solche „unvollständigen" Rede- oder Textbeiträge, bei denen sich der fehlende Rest aus dem Zusammenhang ergibt, nennt man Ellipsen.

Zeig doch mal!	Zeig *mir* doch mal *den Brief*!
Wieso?	Wieso *willst du den Brief unbedingt sehen?*
Wegen der Unterschrift.	*Er interessiert mich* wegen der Unterschrift.
Unwichtig.	*Die ist doch* unwichtig.
Und wenn doch?	Und wenn *sie* doch *wichtig ist*?
Hier!	Hier *hast du den Brief*!
Zufrieden?	*Bist du jetzt mit mir* zufrieden?

Endung

Unter Endungen versteht man Zusätze (vgl. Suffix), die einem Wort angefügt werden. Man unterscheidet zwischen grammatischen Endungen bei der Konjugation und Deklination und Wortbildungsendungen.

(fragen)	ich frage, du fragst, wir fragten	Konjugation
(der Tisch)	des Tisches, die Tische	Deklination
(krank)	Krankheit - (Mut) mutig - (Tanz) tanzen	Wortbildung

Entscheidungsfrage

(siehe unter Satzfrage)

Erbwort

Wörter, die schon sehr früh in einer Sprache nachzuweisen sind und zum sprachhistorischen Grundbestand gehören, nennt man Erbwörter. Da die deutsche Sprache zur indogermanischen (auch: indoeuropäischen) Sprachenfamilie gehört, können ähnliche Wortstämme auch in verwandten Sprachen vorhanden sein. Deshalb kann man nicht immer genau bestimmen, ob ein Wort „von Anfang an" im Germanischen - einer frühen Vorstufe unserer heutigen Sprache - schon vorhanden war oder vielleicht erst durch „Entlehnung" (vgl. Lehnwort) aufgenommen wurde. Zudem begann die schriftliche Überlieferung der deutschen Sprache erst mit der Christianisierung der germanischen Stämme .

Erbwörter oder Wörter, die schon sehr früh nachzuweisen sind, stammen hauptsächlich aus dem Alltag; sie geben Auskunft über Lebens- und Arbeitsformen : Achse - Ähre - Angel - Beil - Faden - Leder - Wachs - Wolle - mahlen - säen - weben usw.

Ergänzung

(siehe unter Objekt)

Ergänzungsfrage

(siehe unter Wortfrage)

Ersatzprobe

Die Ersatzprobe ist - wie auch die Verschiebeprobe - eine Hilfe, mit der sich die einzelnen Satzglieder eines Satzes ermitteln lassen. Das Wort oder die Wortgruppe, die das Satzglied bildet, wird durch ein anderes Wort oder eine andere Wortgruppe ersetzt, ohne dass sich dabei die Struktur des Satzes ändert. Die Struktur des Satzes wird durch das Verb bestimmt, aus dem das Prädikat gebildet ist (vgl. auch Valenz). Deshalb müssen bei der Ersatzprobe die neuen Wörter oder Wortgruppen sich sinnvoll mit dem Verb verbinden lassen.

Monika	stellt	das Buch	ins Regal.
Sie	stellt	die Vase	in den Schrank.
Mein Bruder	stellt	das Bild	auf die Vitrine.
Er	stellt	es	dorthin.
Wer?		Was?	Wohin?

Etymologie

(die Etymologie, griech.: Lehre von der Herkunft und Geschichte der Wörter; siehe unter Stammprinzip)

Femininum

(das Femininum, Plural: Feminina, lat.: weibliches Genus des Nomens; dazu auch: feminin, weiblich)

Die Nomina (Substantive, Hauptwörter) haben - durch den Artikel jeweils erkenntlich - ein *grammatisches* Genus (Geschlecht), das aber nicht immer mit dem *natürlichen* Geschlecht übereinstimmt: *die* Frau, *das* Fräulein.

Finaladverbiale

(vgl. Adverbiale, lat.: Umstandsangabe des Zwecks oder Ziels)

> Das Finaladverbiale ist eine Untergliederung des adverbialen Satzgliedes; es gibt den Zweck oder das Ziel einer Handlung an: Wir fliegen *zum Besuch unserer Enkel* nach Amerika.

Das Finaladverbiale kann zu einem Finalsatz (Gliedsatz) erweitert werden, der weitere Einzelheiten über einen Vorgang oder dessen Folgen mitteilt: Für unsere Kinder tun wir alles, *damit sie vielleicht einmal eine bessere Zukunft haben*.

Wenn die „Akteure" im Haupt- und Nebensatz identisch sind, dann kann der Gliedsatz auch zu einem Infinitivsatz (satzwertiger Infinitiv) vereinfacht werden: Wir versuchten alles, *um ihn von seinem Vorhaben abzuhalten*.

Finalsatz

(vgl. Adverbialsatz, lat.: Absichtssatz - Gliedsatz des Zwecks oder Ziels)

> In einem Satzgefüge kann das Finaladverbiale zu einem adverbialen Gliedsatz erweitert werden, der Ziel und Zweck einer Handlung genauer beschreibt.

Finaladverbiale	Finalsatz
Zum besseren Verständnis wiederhole ich nochmals den Text.	*Damit keine Missverständnisse aufkommen können*, wiederhole ich nochmals den Text.

Wenn in einem Satzgefüge das Subjekt im Hauptsatz und Nebensatz identisch ist, dann kann der Finalsatz auch in Form eines (satzwertigen) Infinitivsatzes wiedergegeben werden: Sie sagten nichts, *um ihn nicht unnötig zu beunruhigen*.

Finiter Prädikatsteil

(lat.: bestimmt durch die Personalform des Verbs)

> Man muss zwischen dem einfachen und dem zusammengesetz-
> ten Prädikat unterscheiden. Das einfache Prädikat besteht aus
> einem einzigen Verb, das alle Merkmale der Konjugation (vgl.
> finite Verbform) trägt; es ist zugleich auch der finite Prädikats-
> teil: *Sie fährt Rad.* Das zusammengesetzte Prädikat besteht aus
> dem finiten und aus dem infiniten Prädikatsteil.

	finiter Prädikatsteil	infiniter Prädikatsteil
Sie **wird** bald **kommen**.	wird	kommen (Infinitiv)
Was **hast** du ihr **gesagt**?	hast	gesagt (Partizip II)
Komm bald **zurück**!	komm	zurück (Präfix eines trennbaren Verbs)

Finite Verbform

(lat.: bestimmt durch die Personalform des Verbs)

> Im Lexikon stehen die Verben in der Grundform (Infinitiv); in
> einem Satz, wenn sie das Prädikat bilden, werden die Ver-
> ben konjugiert (Flexion, Konjugation). Ein einteiliges Prädi-
> kat besteht allein aus der finiten Verbform: *Heute **scheint**
> endlich die Sonne.*

Bei einem mehrteiligen Prädikat ist zwischen finiter und infiniter Verbform (ebenso: zwischen dem finiten und infiniten Prädikatsteil) zu unterscheiden. Die finite Verbform ist die Personalform des Verbs; sie
informiert auf jeden Fall über Person, Numerus und Modus:

Ich **käme** lieber mit der Bahn. - erste Person, Singular, Konjunktiv II

Das jeweilige Tempus und Genus wird z.T. auch mit Hilfe der infiniten
Verbform dargestellt: *er **kam*** (Präteritum), *er **war gekommen*** (Plusquamperfekt) - *sie **lobt**e* (Aktiv), *sie **wurde gelobt*** (Passiv).

Flexion

(die Flexion, lat.: Beugung der Wörter)

> Der Wortschatz und die Wortarten sind in zwei Groß-
> gruppen gegliedert: in flektierbare (also veränderliche) und
> in unflektierbare (also unveränderliche) Wörter. Flektierbare
> Wörter können „gebeugt" werden, d.h. sie verändern je
> nach der Funktion im Satz ihre Grundform. Bei der Flexion
> unterscheidet man zwischen Konjugation und Deklination:
> Verben werden konjugiert, Nomina und ihre Begleiter und
> Stellvertreter werden dekliniert.

Die Konjugation wird nach fünf Merkmalen bestimmt: Person (*ich **lese**,
du **liest**)*, Numerus *(ich **lese**, wir **lesen**)*, Tempus (*sie **kommt**, sie **kam**)*,
Modus (*er **kommt**, er **käme**, **komm!***), Genus des Verbs (*ich **prüfe**, ich
werde geprüft*).

Die Deklination ist nach drei Merkmalen bestimmt: Genus des Nomens
(*der **Mond**, die **Sonne**, das **Jahr***), Numerus (*der **große Wald**, die **großen Wälder***), Kasus (*der **alte Baum**, des **alten Baumes***).

Die einzelnen Merkmale der Konjugation und Deklination sind aber oft
nur aus dem Kontext (vgl. auch Satzbauplan) und mit Hilfe weiterer
Hinweise erkennbar: *ich sage* Indikativ), *er sage* (Konjunktiv I) - *der Pfeil*
(Nominativ), *den Pfeil* (Akkusativ).

Fragesatz

> Der Fragesatz ist eine der drei Satzarten; er schließt normaler-
> weise mit einem Fragezeichen ab. Nach Inhalt und Satzstruktur
> unterscheidet man zwischen der Satzfrage (auch: Entschei-
> dungsfrage) und der Wortfrage (auch: Ergänzungsfrage).

Kommst du morgen ? Hat er das wirklich gesagt?	- **Satzfrage**:	Die Frage bezieht sich auf den gesamten Inhalt des Satzes.
Wann kommst du? Wer hat das gesagt?	- **Wortfrage**:	Die Frage bezieht sich nur ergänzend auf einen Teil des Satzes.

Wenn der Fragesatz so gestellt ist, dass keine Antwort erwartet wird, weil er selbst schon die Antwort vorausnimmt, dann spricht man von einer „rhetorischen Frage"; ihre Ähnlichkeit zum Ausrufesatz zeigt sich - im geschriebenen Text - oft auch durch ein Ausrufezeichen anstelle eines Fragezeichens: *Wer hätte das von ihm gedacht!*

Eine Frage kann auch Teil eines Satzgefüges sein, d.h. sie hängt von einem Hauptsatz ab (vgl. indirekter Fragesatz): Ich weiß nicht, *wer das gesagt hat*. - Ich bin mir nicht sicher, *ob das alles wirklich so stimmt*.

Fragewort

Fragewörter - die sogenannten „W-Wörter" - leiten eine Wortfrage ein (vgl. auch Fragesatz); die Information im Satz ist noch nicht vollständig, sie muss ergänzt werden.

Wer hat dir das gesagt?   - „W-Wort" in Form eines
Wem haben wir das zu verdanken?   Interrogativpronomens

Wie willst du das schaffen?   - „W-Wort" in Form eines
Warum zweifelst du ?   Adverbs

Fremdwort

Als Fremdwort bezeichnet man einen Ausdruck, der aus einer anderen Sprache übernommen worden ist. Im Unterschied zum Lehnwort werden beim Fremdwort meistens die Aussprache und die Schreibweise der Herkunftssprache beibehalten: *Toilette, Chanson, Jeans, Teenager.* Zu den Fremdwörtern gehören auch international gebrauchte Fachbegriffe oder Neubildungen (Neologismus); sie gehen sehr oft auf griechische, lateinische und englische Grundwörter zurück: *Astrophysik, Atomreaktor, Kosmonaut, Intercity, Eurovision, Superstar.*

Fremdsprachige Fachwörter werden nach den Regeln der Herkunftssprache geschrieben: *Hypothese, Superlativ, Avantgarde, Copyright.* Häufig gebrauchte Fremdwörter werden - wie schon die Lehnwörter -

allmählich der deutschen Rechtschreibung angepasst. Die Übergänge sind fließend: *Photographie / Fotografie, circa / zirka, Bureau / Büro, (strike) / Streik.* Deshalb lassen sich nur Hinweise geben:

- Doppelschreibungen bei Vokalen und Konsonanten zeigen, wie die originale Aussprache des Fremdwortes allmählich nach der deutschen Rechtschreibung wiedergegeben wird: *Mayonn**ai**se / Majon**ä**se, Expos**é** / Expos**ee**, Sa**u**ce / S**o**ße, N**o**ugat / N**u**gat, Ketc**h**up / Ket**sch**up, Jog**h**urt / Jog**u**rt, **Th**unfisch / **T**unfisch, Tele**ph**on / Tele**f**on, **Ph**otogra**ph** / **F**otogra**f**.*
- Für Fremdwörter aus dem Englischen ist zu beachten: Nomina, die auf „-y" enden, bilden im Deutschen den Plural mit „-s": *etliche Hobby**s**, auf mehreren Party**s**.* Zusammensetzungen aus einem Adjektiv und einem Nomen können auch getrennt geschrieben werden: *Bigband / Big Band, Fastfood / Fast Food.* Bei Nominalisierung eines mehrteiligen Infinitivs wird ein Bindestrich gesetzt: *das Make-up („Aufmachung"), der Count-down (das „Runterzählen" auf Null).*
- Wenn Zusammensetzungen nicht mehr als solche erkannt werden, dann können sie statt nach Sprachsilben auch nach Sprechsilben getrennt werden: *Inter/esse* oder *Inte/resse, Chir/urg* oder *Chi/rurg.*
- Konsonantenverbindungen mit *-l, -n* oder *-r* können entweder getrennt werden oder insgesamt auf die nächste Zeile kommen: *Pub/likum* oder *Pu/blikum, Mag/net* oder *Ma/gnet, Hyd/rant* oder *Hy/drant.*

Funktionsverb

Funktionsverben werden in „gestreckten" Verbgefügen verwendet; das eigentliche Verb ist inhaltlich durch das entsprechende Nomen ersetzt , das Funktionsverb übernimmt die „restlichen" Aufgaben (z.B. im Prädikat). Auf diese Weise wird in einem Satz oft der Vorgang oder Ablauf beschrieben, der zum Befund oder Ergebnis führt: „Zur Abstimmung kommen" oder „zu Gesicht bekommen" ist etwas anderes als „abstimmen" oder „sehen". Deshalb sind das Verbgefüge und das jeweilige damit vergleichbare Grundverb nicht immer im Inhalt identisch (vgl. Synonym): Der Zeuge *gab zu Protokoll* und der Polizist *protokollierte* die Aussage.

Nomen und Funktionsverb	Grundverb
in *Wut* geraten	wüten / wütend sein
in *Bewegung* setzen	bewegen
in *Ordnung* bringen	ordnen

in *Rechnung* <u>stellen</u>	berechnen
zu der *Überzeugung* <u>kommen</u>	überzeugt sein
zu der *Feststellung* <u>gelangen</u>	feststellen
zu *Ende* <u>führen</u>	beenden

Futur

(das Futur, lat.: das Zukünftige)

Unter Futur (vgl. Tempus) versteht man Konjugationsformen (Flexion, Konjugation) des Verbs, die sich auf ein Geschehen in der Zukunft beziehen. Man unterscheidet zwischen Futur I und dem Futur II; beide sind aus der Personalform des Hilfsverbs „werden" und dem jeweils entsprechenden Infinitv eines weiteren Verbs gebildet: *Ich **werde** euch bald **besuchen**. - Bis Weihnachten **werden** wir alles **geregelt haben**.*

Futur I

(lat.: einfache Zukunft - Erwartungsstufe)

Das Futur I ist die einfache Zukunft (vgl. Tempus); es berichtet von einem zukünftigen Geschehen: *Wann werdet ihr kommen?* (Aktiv) - *Die Straße wird am Sonntag für den öffentlichen Verkehr gesperrt werden.* (Passiv)

Wenn der zukünftige Zeitpunkt bereits durch ein Temporaladverbiale angegeben ist, dann kann statt des Futurs I das Präsens stehen: *Sie werden morgen/am Wochenende kommen. - Sie kommen morgen/am Wochenende.*

Mit dem Futur I kann auch eine Vermutung oder Aufforderung ausgedrückt werden: *Sie wird im Kino sein. - Du wirst jetzt einmal genau zuhören!*

Futur II

(lat.: vollendete Zukunft)

> Das Futur II gibt etwas wieder, das zu einem bestimmten zukünftigen Zeitpunkt bereits geschehen sein wird: *Bis zum Freitag werde ich alles genau überprüft haben.*

Diese Verwendung ist allerdings sehr selten; die vollendete Zukunft wird meistens durch das Perfekt ausgedrückt: *Bis zum Freitag habe ich alles genau überprüft.* Häufiger ist der Gebrauch des Futurs II als Vermutung über Vergangenes: *Es wird schon nicht so schlimm gewesen sein. - Du wirst es doch nicht vergessen haben.*

Gemischte Deklination

(vgl. Deklination)

> Beim Nomen versteht man darunter die Beugung eines Wortes nach der starken Deklination im Singular und nach der schwachen Deklination im Plural: *der Strahl, des Strahls - die Strahlen; das Auge, des Auges - die Augen.*

Beim Adjektiv als Attribut hängen die Deklinationsendungen jeweils davon ab, ob sie bereits in einem vorausgehenden Artikel oder Pronomen auftauchen oder vom Adjektiv selbst angezeigt werden müssen. Wenn der unbestimmte Artikel oder ein Pronomen bzw. Numerale keine Endung aufweist, dann übernimmt das Adjektiv diese Aufgabe; es wird nach der starken Deklination gebeugt: *ein neues Fahrrad - mit viel gemeinsamer Hilfe*. Wenn der Artikel, das Pronomen oder Numerale bereits eindeutige Deklinationsendungen aufweisen, dann wird das attributive Adjektiv nach der schwachen Deklination gebeugt: *mit deiner großen Hilfe - diese neuen Bücher.*

Genitiv

(der Genitiv, nach dem lat. Verb „gignere", erzeugen; „genitus", erzeugt, angeboren, zugehörig - Wes-Fall, 2. Fall)

> Der Genitiv ist der zweite der vier Kasus (vgl. Deklination); er wird durch „Wessen ?" erfragt. Er bezeichnet z. B. Besitzverhältnisse, Zuordnungen und Eigenschaften: Das Haus *unseres Nachbarn* wird neu gedeckt. - Der neue Fahrplan *der Bundesbahn* gilt seit heute. - Bei der geplanten Autobahnbrücke ist die Frage *der ausreichenden Belastbarkeit* noch zu klären.

Als Satzglied (Genitivobjekt) ist die Genitivform heute selten zu finden; sie wird häufig durch ein Präpositionalobjekt ersetzt: Ich erinnere mich *dieser schönen Zeit / der schönen Tage bei euch*.- Ich erinnere mich *an diese schöne Zeit / an die schönen Tage bei euch.*

Die Genitivform kommt als Objekt fast nur noch in festen Formulierungen und Redewendungen vor: Er wurde *des Diebstahls* beschuldigt. - Er besann sich *eines Besseren.*

Trotzdem ist der Genitiv aus dem Sprachgebrauch nicht verschwunden; er wird im Deutschen vor allem im Bereich des Attributs (vgl. auch Satzgliedteil) eingesetzt: Durch die selbstlose Hilfe *vieler Freiwilliger* wurde der Spielplatz doch noch fristgerecht fertig. - Auch der Einspruch *einzelner Anwohner* konnte den Ausbau der Schnellstraße nicht mehr verhindern.

Einzelne Präpositionen verlangen nach sich den Genitiv: *Während der Verhandlung* durfte nicht gefilmt werden. - Das Angebot bewegte sich noch *innerhalb der gestellten Bedingungen*.

Genitivobjekt

(nach lat.: Genitiv, Objekt - Ergänzung im Wes-Fall)

> Das Genitivobjekt (vgl. Objekt) ist ein Satzglied , das vom Verb im Prädikat zur Vollständigkeit des Satzes verlangt wird (vgl. Valenz).

Er nahm sich *der Sache* an.   **Wessen** nahm er sich an?
Der Angeklagte wurde *des Dieb-* **Wessen** wurde er überführt?
stahls überführt.

Das Genitivobjekt wird heute nur noch selten gebraucht.Wenige Verben fordern ausschließlich den Genitiv nach sich (z.B. beschuldigen, ermangeln, sich rühmen).
Häufig wird das Genitivobjekt durch einen präpositionalen Ausdruck (Präpositionalobjekt) ersetzt:

Ich erinnere mich *eines ähnlichen Falls*. - Ich erinnere mich *an einen ähnlichen Fall.*

Das Genitivobjekt steht fast nur noch in Redewendungen :

Das spottet *jeder Beschreibung*. - Er besann sich *eines Besseren*.

Genus

(das Genus, Plural: Genera, lat.: Geschlecht)

Im engeren Sinn ist mit diesem Begriff das Genus des Nomens gemeint: Ein Nomen kann ein Maskulinum, Femininum oder Neutrum sein. Aber auch beim Verb spricht man vom Genus (vgl.Genus des Verbs): Hier bezieht sich der Begriff auf die Aktionsart oder Handlungsrichtung; ob nämlich ein Verb im Aktiv oder im Passiv steht.

Genus des Nomens

Beim Genus des Nomens sowie seiner Begleiter und Stellvertreter (Adjektiv, Numerale, Artikel , Pronomen) unterscheidet man zwischen Maskulinum, Femininum und Neutrum. Am einfachsten kann das Genus des Nomens durch den vorangestellten Artikel erkannt werden.

der Wald   Maskulinum (männlich)
die Straße   Femininum (weiblich)
das Auto   Neutrum (sächlich, weder männlich noch weiblich)

Das *grammatische Genus* stimmt nicht immer mit dem *natürlichen Geschlecht* überein:

der Knabe	das Knäblein
die Frau	das Fräulein
das Kind	der Sohn *oder* die Tochter

Durch den Genuswechsel ändert sich die Bedeutung eines Wortes:

das Tor	(die Einfahrt)
der Tor	(ein einfältiger Mensch)
das Gehalt	(was jemand verdient)
der Gehalt	(Anteil eines Stoffes in einer Mischung)

Genus des Verbs

> Das Genus des Verbs bezieht sich auf die Aktionsart, die durch das Verb beschrieben wird. Man unterscheidet zwischen Aktiv und Passiv.

Inge *liest* die Zeitung. Die Kinder *sammeln* die ausgefüllten Formulare *ein*.	**Aktiv**	Jemand (vgl. Subjekt) handelt oder unternimmt etwas.
Das Boot *wird repariert*. Das Boot *ist repariert*.	**Passiv**	Im Passiv wird zwischen dem Vorgangspassiv und dem Zustandspassiv unterschieden.
Der Laden wird geschlossen. Der Laden ist geschlossen.		*Vorgangspassiv* *Zustandspassiv*

Genuswechsel

> Der Genuswechsel ist mit einem Bedeutungswechsel verbunden; denn durch die Änderung des Genus (vgl. Genus des Nomens) ändert sich auch die Wortbedeutung.

das Tau (dickes Seil)	*der* Tau (wässriger Niederschlag während der Nacht)
der See (Binnengewässer)	*die* See (das Meer)
der Band (einzelnes Buch)	*das* Band (schmaler Streifen)

Getrenntschreibung

Bei der Frage, ob Getrenntschreibung oder Zusammenschreibung, unterscheidet man zwischen Wortgruppen und
Zusammensetzungen. Wortgruppen bestehen aus Wörtern,
die trotz eines engeren inhaltlichen Zusammenhangs ihre
Selbstständigkeit bewahrt haben: *getrennt schreiben*. Zusammensetzungen bilden aus den einzelnen Bestandteilen
eine feste Verbindung, eine neue „Sinneinheit": *zusammen-
schreiben*. Aber schon diese beiden Beispiele zeigen, wie
schwer es ist, im Einzelnen die Unterscheidung auch inhaltlich zu begründen. Deshalb beziehen sich die Regeln der
Rechtschreibung vor allem auf formale Entscheidungshilfen.
Eine Mittelstellung haben die trennbaren Verben; ihre
Schreibweise hängt jeweils von der Verwendung im Satz ab:
Wann **kommst** *du* **zurück**? *- Wann willst du* **zurückkom-
men**?

Die folgende Übersicht zur Getrenntschreibung ist nach der Wortart des
jeweils letzten Bestandteils in der Wortgruppe gegliedert.

Verb

Sie sollten genauer **aufeinander
hören!**
- zusammengesetztes Adverb
+ Verb
Das möchte ich **infrage**/ **in Frage
stellen**.
(Dazu gehören auch Wortgefüge
in der Funktion eines zusammengesetzten Adverbs.)

*Mit deiner Hilfe würde es mir
bestimmt* **leichter fallen**.
- steigerbares Adjektiv + Verb
(vgl. Komparation)
Was wird **übrig bleiben**?
- Ableitung mit -ig, -isch, -lich +
Verb

*Diesen Ausdruck kann man
getrennt schreiben.
- Partizip + Verb
Wieso sollte ich **Angst haben**?
- Nomen + Verb
Ich würde gerne **spazieren gehen**.
- Verb (Infinitiv) + Verb
Ich kann morgen nicht **dabei sein**.
- Verbindungen mit „sein"

Diese Regeln gelten auch für die Partizipformen: *Vieles wäre noch* **von-
nöten gewesen**. *- Manches ist* **liegen geblieben**. *- die* **Not leidende**
Bevölkerung - ein **hell strahlender** *Stern - ein* **auswendig gelernter** *Vortrag -*

Adjektiv

Es war ein **eisig kalter** *Winter-abend. - Die Musik war* **grässlich laut**.	- Der erste Bestandteil endet auf -ig, -isch oder -lich.
Er lieferte ein **gestochen scharfes** *Bild. - Sie trug ein* **blendend weißes** *Kleid.*	- Der erste Bestandteil ist ein Partizip.
Ich suche eine **leichter verständ-liche** *Einführung.*	- Der erste Bestandteil kann gesteigert werden.

Merke:
- Wortgruppen mit **so, wie, zu** *oder* **gar** und einem Adjektiv, Numerale, Pronomen oder Adverb werden getrennt geschrieben: **so kleine** *Por-tionen,* **wie viele** *Zuschauer,* **zu oft, gar keine** *Frage.*
- In einigen Fällen sind Doppelschreibungen möglich: **zuwege / zu Wege** *bringen* (Adverb), **sodass / so dass** (Konjunktion), **aufgrund / auf Grund** *des Ergebnisses* (Präposition).

Gleichsetzung
(siehe unter Prädikativum)

Gleichzeitigkeit
(siehe unter Zeitgefüge)

Gliedsatz

> Der Gliedsatz ist ein abhängiger Satz (vgl. Nebensatz); er kann in einem Satzgefüge anstelle eines Satzgliedes stehen und es in-haltlich erweitern.

Satzglied	*Gliedsatz*
<u>Unter diesen Umständen</u> ziehe ich meinen Antrag zurück.	Ich ziehe, <u>wenn sich keine Mehr-heit finden lässt,</u> meinen Antrag zurück.

Der Gliedsatz selbst (wie jeder Haupt- oder Nebensatz) besteht wiederum aus Satzgliedern:
(Morgen / beginnt / die Schule / wieder) *Wenn die Schule / morgen / wieder / beginnt, dann . . .*

Wie bei den Satzgliedern unterscheidet man auch bei den Gliedsätzen nach ihrer Funktion im Satzzusammenhang:

Dass ihr uns auch heuer wieder besuchen wollt, freut uns von ganzem Herzen.	- Subjektsatz
Ich weiß immer noch nicht, *was ich sagen soll.*	- Objektsatz
Beeil dich bitte, *wenn du den Bus nicht verpassen willst*!	- Adverbialsatz
Er bleibt, *was er schon immer war.*	- Prädikativsatz

Gliedsatzreihe

Die Gliedsatzreihe ist eine nebenordnende Aufzählung von Gliedsätzen, die für ein und dasselbe Satzglied des übergeordneten Satzes (vgl. auch Satzgefüge) stehen: *Obwohl es regnete und (obwohl es) schon dunkel wurde,* harrten die Zuschauer aus. - Wir erfuhren, *dass er verletzt war, aber trotzdem gestartet war. - Als der Morgen kam, die Sonne über den Hügeln aufging und es wieder etwas wärmer wurde,* zogen wir weiter.

Großschreibung

Die Großschreibung bezieht sich auf den Anfangsbuchstaben eines einzelnen Wortes oder mehrerer Wörter in einer festen Wortgruppe: *Sonne, das Zweite Deutsche Fernsehen.*

Satzanfang
Das erste Wort eines Satzes wird großgeschrieben: *Daran habe ich nicht gedacht. - Warum gerade ich?*

Dies gilt auch für Sätze oder die direkte Rede nach einem Doppelpunkt: *Ich weiß es genau: Du irrst dich. - Er erwiderte: „So habe ich das nicht gemeint."*

Überschriften, Werktitel usw.

Keine Einigung im Tarifstreit - Im Westen nichts Neues - Der grüne Heinrich - Bayerisches Hochschulgesetz - Die Großschreibung z.B. eines Werktitels wird auch innerhalb eines Textes beibehalten: *Wir lesen gerade den Roman „Der grüne Heinrich" von Gottfried Keller. - Dies ist ein Zitat aus dem „Grünen Heinrich".*

Höflichkeitsform

Nur die Anrede in der dritten Person wird großgeschrieben: *Wie ich Ihnen schon am Telefon sagte, bitte ich Sie um Ihre Mithilfe.* Aber: *Wenn du kommst, vergiss nicht deinen Fotoapparat!*

Nomina, Eigennamen usw.

Das Nomen ist im Deutschen formal durch Großschreibung charakterisiert: *der Wald, die Flur, das Meer.* Auch Eigennamen (Personennamen, geographische Namen oder verbindliche Bezeichnungen) sind Nomina; bei festen Verbindungen werden die einzelnen Teile großgeschrieben: *Irene Voss - Heineplatz - Friedrich-Schiller-Straße - Am Tiefen Graben - das Schwarze Meer - Deutsche Bank.* Ableitungen von Eigennamen auf *-er* werden großgeschrieben; Ableitungen auf *-(i)sch* nur dann, wenn sie selbst wieder Bestandteil eines mehrteiligen Eigennamens sind: *Nürnberger Bratwürste, Schwäbische Alb.* Nominale Teile eines Verbgefüges oder einer mehrteiligen Präposition werden bei Getrenntschreibung großgeschrieben: *zugrunde/ zu Grunde gehen, vonseiten/ von Seiten der Verwaltung.*

Nominalisierungen

Wörter aus anderen Wortarten werden beim Wortartwechsel zum Nomen großgeschrieben; über Ausnahmen wird unter dem Stichwort Kleinschreibung informiert: *im Großen und Ganzen, jeder Dritte, die Zehn, beim Waschen, ein großes Durcheinander, das Auf-die-lange-Bank-Schieben.*

Tageszeiten

Tageszeiten nach Zeitadverbien (Adverb) werden großgeschrieben: *gestern Morgen, heute Mittag, morgen Abend.* Fügungen aus zwei Nomina werden zusammengeschrieben: *am Dienstagabend.*

Grundform

Unter Grundform versteht man die Form, in der flektierbare Wörter in einem Lexikon zu finden sind:

tanzen, singen	Verb im Infinitiv
(der) Baum, (die) Straße, (das) Tor	Nomen im Nominativ
jung, fröhlich, munter	Adjektiv (endungslos)

Grundwort

Wörter, die durch Zusammensetzung gebildet sind, bestehen aus einem oder mehreren Bestimmungswörtern und dem Grundwort, das jeweils der letzte Teil des zusammengesetzten Wortes ist.

Hand	+	Tuch	=	Hand**tuch**
wischen	+	Tuch	=	Wisch**tuch**
Buch/Drucker	+	Kunst	=	Buchdrucker**kunst**
Bestimmungswort		*Grundwort*		*Zusammensetzung*

Das Bestimmungswort präzisiert die Bedeutung des Grundwortes; es grenzt sie ein oder bestimmt sie näher. Bei einer nominalen (vgl. Nomen) Zusammensetzung richten sich Genus, Kasus und Numerus nach dem Grundwort:

das Laub   +   *der* Baum   =   *der* Laubbaum

Bäume, die Laub tragen, nennt man Laubbäume.	(*Laubbäume*: Maskulinum, Akkusativ, Plural)

Die Wortart der Zusammensetzung richtet sich nach dem Grundwort:

flach (Adjektiv)	+	Dach (Nomen)	= Flachdach (Nomen)
Hitze (Nomen)	+	fest (Adjektiv)	= hitzefest (Adjektiv)
rollen (Verb)	+	Schuh (Nomen)	= Rollschuhe (Nomen)
fern (Adjektiv)	+	sehen (Verb)	= fernsehen (Verb)

Hauptsatz

Hauptsätze sind selbstständige Sätze, sie werden am Anfang großgeschrieben und mit einem Punkt, Fragezeichen, Ausrufezeichen oder manchmal auch mit einem Doppelpunkt abgeschlossen: *Der Frühling kommt dieses Jahr sehr spät. - Wer hat das behauptet? - Streng dich bitte etwas mehr an! Zu beachten sind folgende Punkte: . . .*

Ein Hauptsatz wird durch einen von ihm abhängigen Nebensatz (Gliedsatz, Attributsatz) zu einem Satzgefüge erweitert:

Hauptsatz	Satzgefüge
*Ich fahre **bei Regen** lieber mit dem Zug.*	*Ich fahre, **wenn es regnet**, lieber mit dem Zug.*
*Meine Eltern fahren ein **uraltes** Auto.*	*Meine Eltern fahren ein Auto, **dem man sein Alter ansieht.***

Hilfsverb

Die Verben *sein*, *haben* und *werden* nennt man Hilfsverben oder Hilfszeitwörter, weil sie den Vollverben bei der Bildung der mehrteiligen (zusammengesetzten) Formen in der Konjugation „helfen". Bei diesen mehrteiligen Konjugationsformen bildet das Hilfsverb jeweils die finite Verbform und das Vollverb die infinite Verbform.

Sie *sind* gut *angekommen*. Ich *habe* das Buch *gelesen*.	Perfekt, Aktiv
Wir *werden* den Termin nicht *vergessen*.	Futur, Aktiv
Wir *wurden* leider *aufgehalten*. Die Tür *war* von innen *geschlossen*.	Vorgangspassiv Zustandspassiv

Hilfverben können auch als Vollverben auftreten: Ich denke, also *bin* ich. - Er *hatte* Fieber. - Was soll aus all dem noch *werden* ?

Höflichkeitsform

Bei der höflichen Anrede in der dritten Person (Singular und Plural) werden in Briefen oder Formularen das Personalpronomen und das Possessivpronomen in allen Kasus großgeschrieben: Wir haben *Ihr* Angebot überprüft und teilen *Ihnen* mit, dass *Sie* und *Ihre* Partner den Auftrag erhalten. - Beantworten *Sie* bitte die Frage, seit wann *Sie Ihr* Fahrrad vermissen!

Das Reflexivpronomen wird auch bei der höflichen Anrede kleingeschrieben: Haben Sie *sich* schon entschieden?

Die vertrauliche Anrede in der zweiten Person (Singular und Plural) wird durchgehend kleingeschrieben: Ich schicke *dir* endlich *dein* Buch zurück. - Aus *eurer* Karte entnehme ich, dass *ihr* herrliche Ferien hattet.

Homonym

(das Homonym, Plural: Homonyme, griech.: gleich lautendes Wort)

Homonyme sind gleich lautende Wörter mit verschiedener Bedeutung und von verschiedener Herkunft (vgl. Stammwort, Wortstamm). Die jeweils gemeinte Bedeutung ist meistens nur aus dem Zusammenhang zu bestimmen. Bei der Schreibweise und bei der grammatischen Bestimmung gibt es einige Verstehenshilfen.

der Rhein	der Rain	- verschiedene Schreibweise
ein weiser Rat	ein weißer Teller	
leeren	lehren	
die Mark	das Mark	- verschiedenes Genus
der Tor	das Tor	

Hypotaxe
(die Hypotaxe, griech.: Unterordnung)

Man spricht von Hypotaxe oder Subordination, wenn ein oder mehrere Nebensätze (Gliedsatz, Attributsatz) einem Hauptsatz untergeordnet sind. Die Gesamtkonstruktion heißt Satzgefüge.

Sie schloss die Tür,	Hauptsatz
weil es zog.	Gliedsatz
In unserem Garten steht ein alter Baum,	Hauptsatz
der gefällt werden muss.	Attributsatz

Imperativ
(der Imperativ, lat.: Befehlsform)

Der Imperativ ist einer der drei möglichen Modi bei der Konjugation des Verbs. Die Aufforderung kann ein Befehl, eine Bitte oder ein Wunsch sein. Er steht ohne Personalpronomen; nur in der Höflichkeitsform wird er mit Personalpronomen gebildet: *Besuche/besucht uns bitte bald wieder! - Besuchen Sie uns bitte bald wieder*!

Bei den schwachen Verben hat der Imperativ der 2. Person Singular im Allgemeinen die Endung „-e"; in der Umgangssprache fällt sie oft weg: *Sage* es mir! - *Sag* doch etwas!
Bei den starken Verben (besonders mit e/i-Wechsel) wird der Imperativ der 2. Person Singular meistens endungslos gebildet: *Komm* bitte! - *Sprich* bitte etwas lauter!
Der Imperativ der 2. Person Plural lautet mit der entsprechenden Form des Indikativs gleich: Ihr *helft* mir? - *Helft* mir doch!

Neben der grammatischen Form des Imperativs können Aufforderungen aber auch noch anders und in verschiedenen Abstufungen ausgedrückt werden (Beispiele dazu unter Aufforderungssatz). Ebenso kann das Ausrufezeichen bei einer höflichen Bitte oder Aufforderung durch einen Punkt ersetzt werden: *Halten Sie mich bitte auf dem Laufenden.*

Imperfekt

(das Imperfekt, lat.: unvollendet; siehe unter Präteritum)

Indefinitpronomen

(das Indefinitpronomen - zur Pluralbildung vgl. Pronomen - , lat.: unbestimmtes Fürwort)

Ein Indefinitpronomen kann sich 1. auf eine unbestimmte Anzahl oder Größe beziehen und/oder 2. auf Personen oder Sachverhalte, die (noch) nicht genauer bestimmt sind: *einige* (Zuschauer), *irgendetwas*. Die Übergänge zwischen beiden Teilbereichen sind fließend: Mit *niemand, nichts* oder *irgendeiner* (ebenso: *jedermann, sämtliche, alle)* sind zwar abgrenzende Zahlenangaben nach unten und nach oben genannt, sie sagen aber nicht unbedingt auch etwas Bestimmtes über die Personen oder Sachverhalte aus. Soweit die Indefinitpronomina unbestimmte Zahlen- oder Mengenangaben sind, werden sie teilweise als unbestimmte Zahlwörter auch zu den Numeralia gezählt (Hinweise dazu unter Paralleldeklination).

Die Indefintipronomina werden sehr unterschiedlich dekliniert . Dies hängt zum einen davon ab, ob sie allein (als „Stellvertreter) stehen oder in Verbindung mit einem Attribut und Nomen: *Das weiß* **keiner**. - *Das war* **kein** *(großer) Erfolg.* Zum andern richtet sich die Deklination nach dem Grundwort bzw. nach dem zweiten Bestandteil: *Dies ist nicht jeder***manns** *Sache. - Ich möchte mit nie***mandem** *teilen.* Unverändert bleiben *man, etwas* oder *nichts*.

Zu den Indefinitpronomina gehören: *alle, ein(er), einige, ein paar, etliche, etwas, irgendein(er), irgendjemand, jeder, jedermann, jeglicher, jemand, kein(er), man, manch(er), mehrere, nichts, sämtliche, viele, wenige* usw.

Indikativ

(der Indikativ, nach dem lat. Verb „indicare", aussagen, anzeigen - Wirklichkeitsform)

> Der Indikativ ist einer der drei möglichen Modi bei der Konjugation des Verbs. Man nennt ihn auch Wirklichkeitsform, weil er eine Aussage oder Mitteilung als Feststellung, allgemeine Erfahrung, gesicherte Beobachtung usw. wiedergibt. Diese Definition bezieht sich vor allem auf den „wirklichen" Erfahrungsalltag; genauso wird der Indikativ aber auch in „erfundenen" Geschichten oder Handlungen literarischer Texte verwendet.

Der Indikativ - sowohl im Aktiv (vgl. Genus) als auch im Passiv - tritt als grammatischer Modus in allen Tempora auf:

Die Sonne *scheint*.	- Präsens
Wir *unterbrachen* für eine kurze Zeit die Fahrt. - Die Weiterfahrt *wurde* kurz *unterbrochen*.	- Präteritum
Dein Brief *ist* gestern *angekommen*.	- Perfekt
Sie *hatte* es mir *versprochen*. - Es *war* mir von ihr *versprochen worden*.	- Plusquamperfekt
Wir *werden* es noch *erfahren*. - Sie *wird* von uns für das Spiel *vorgeschlagen werden*.	- Futur I
Sicherlich *werden* sie es *vergessen haben*.	- Futur II

Indirekte Rede

> Was jemand gesagt hat, kann entweder wörtlich (vgl. direkte Rede) oder als berichtete (indirekte) Rede wiedergegeben werden: *Er behauptete: „Das habe ich so nicht gesagt."* - *Er behauptete, dass er es so nicht gesagt habe*. Wie die direkte Rede hat auch die indirekte Rede einen kommentierenden Begleitsatz: *Er fragte mich: „Kommst du morgen?"* - *Ob ich morgen käme, fragte er mich*.

Bei dem Wechsel von der direkten zur indirekten Wiedergabe sind folgende Einzelheiten zu beachten:

- Es kann sich die Personenangabe (Personalpronomen) ändern: *Sie stimmte mir zu: „**Du** hast Recht. - Sie sagte, dass **ich** Recht hätte.*
- Die indirekte Rede kann mit einer Konjunktion (vgl. syndetisch) oder ohne Konjunktion (vgl. asyndetisch) beginnen. Mit einer Konjunktion hat sie die Struktur eines Nebensatzes, ohne Konjunktion hat sie die Struktur eines Hauptsatzes (vgl. auch Aussagesatz): *Er sagte mir am Telefon, dass er alles bestens geregelt habe / er habe alles bestens geregelt.*
- Der Modus der indirekten Rede ist der Konjunktiv; er steht für den Indikativ in der direkten Rede: *Der Zeuge sagte aus: „Das Auto ist von links eingebogen." - Der Zeuge sagte aus, dass das Auto von links eingebogen sei.*
- Was bereits in der direkten Rede im Konjunktiv steht, bleibt so - mit Ausnahme eines möglichen Wechsels in der Personenangabe - auch in der indirekten Rede erhalten: *Franz sagte: „Wenn ich das gewusst hätte, wäre ich nicht gekommen." - Franz sagte, dass er nicht gekommen wäre, wenn er das gewusst hätte.*
- Formen des Imperativs in der wörtlichen Rede werden in der berichteten Rede durch Modalverben umschrieben: *Sie bat ihn: „Komm morgen bitte nicht wieder zu spät!" - Sie bat ihn, er möge/solle morgen nicht wieder zu spät kommen.*
- Fragen aus der direkten Rede werden im Wechsel zur indirekten Rede entweder mit der Konjunktion „ob" oder mit einem Fragewort eingeleitet: *Ich fragte ihn: „Stimmt das so?" - Ich fragte ihn, **ob** das so stimme. - „Wie bist du auf diese Idee gekommen ?", fragte er mich skeptisch. - Er fragte mich, **wie** ich auf diese Idee gekommen sei.*

Indirekter Fragesatz

Der indirekte Fragesatz ist ein abhängiger Satz, d.h. ein Nebensatz oder genauer: ein Gliedsatz; er ist Teil eines Satzgefüges.

Wer hat das gesagt? - Ich weiß es nicht.	Ich weiß nicht, *wer das gesagt hat*. *Wer das gesagt hat*, weiß ich nicht.
Hat sie es so gesagt? - Ich bin mir nicht ganz sicher.	Ich bin mir nicht ganz sicher, *ob sie es so gesagt hat*.
zwei Sätze	**Satzgefüge**

Der indirekte Fragesatz kann durch ein Fragewort oder durch die Konjunktion „ob" eingeleitet werden:

Es war noch nicht entschieden, *wer die Wahl gewinnt*.

Sachverhalt.

Bei der Einleitung mit einem Fragewort geht es um eine Ergänzung (vgl. Wortfrage) zum

Ob sie die Wahl doch noch gewinnen wird, war bis Sendeschluss ungewiss.

Wenn ein indirekter Fragesatz mit der Konjunktion „ob"eingeleitet wird, dann bezieht er sich auf den gesamten Inhalt der Frage (vgl. Satzfrage).

Infiniter Prädikatsteil

(lat.: unbestimmt, ohne eine Personalform)

Infinite Prädikatsteile sind diejenigen Teile eines zusammengesetzten bzw. mehrteiligen Prädikats, die nicht durch die Personalform bestimmt sind.

Sie *wird* morgen **kommen**.
Sie *war* gestern **angekommen**.
Wann *kommst* du spätestens **zurück**?

- Infinitiv
- Partizip II
- Präfix eines trennbaren Verbs

Infinite Verbform

(lat.: unbestimmt, ohne eine Personalform)

Zu den infiniten Verbformen gehören der Infinitiv, das Partizip I und das Partizip II ; sie können nicht konjugiert werden: *Er wollte nicht* **spielen**. - **Spielend** *schaffte sie die Prüfung. - Diese Szene war nur* **gespielt**.

Infinitiv

(der Infinitiv, lat.: unbestimmt, unbegrenzt - Nennform oder Grundform des Verbs)

> Die Grundform des Verbs, so wie es im Wörterbuch steht, heißt Infinitiv: *prüfen , handeln, erweitern*. Neben diesem einfachen Infinitiv gibt es noch drei zusammengesetzte Infinitivformen: *geprüft werden* (Infinitiv / Präsens / Passiv) - *geprüft haben* (Infinitiv / Perfekt / Aktiv) - *geprüft worden sein* (Infinitiv / Perfekt / Passiv).

Infinitiv mit oder ohne „*zu*" ?

- In Verbindung mit dem Hilfsverb „*werden*" (bei der Konjugation) oder mit Modalverben steht der Infinitiv ohne „zu": Ich *werde* es ihm **sagen**. - Ich *wollte* es ihm **sagen**.
- Wenn die Hilfsverben „*sein*" und „*haben*" in einer festen Verbindung verwendet werden, dann steht der Infinitiv mit „zu": Ich *habe* nichts **zu sagen**. - Dieses Ergebnis *war* **zu erwarten** gewesen.
- Nach Vollverben steht der Infinitiv mit „zu": Er *schien* **zu schlafen**. - Sie *ging (,)* ohne ein Wort **zu sagen**.
- Wenn der Infinitiv sich - z. B. als Attribut - auf ein Nomen oder ein Adjektiv bezieht, wird er mit dem Fügewort „zu" angefügt: Deine Art **zu reden** wirkt etwas übertrieben. - Er war unfähig **zu reden**.
- Erweiterte und satzwertige Infinitive (vgl. Infinitivsatz) werden immer mit „zu" gebildet: Der Wunsch (,) es jedem recht **zu machen** (,) bringt oft neue Schwierigkeiten. - Ohne auch nur ein Wort **zu sagen** (,) verließ sie vorzeitig die Sitzung.

Infinitivsatz

(auch: satzwertiger oder erweiterter Infinitiv)

> Bei gleichem Subjekt im Haupt- und Nebensatz eines Satzgefü-ges oder bei unpersönlichem Subjekt („man") im Nebensatz kann an die Stelle des Nebensatzes (vgl. auch Gliedsatz und Attribut-satz) ein satzwertiger Infinitiv treten; bei verschiedenem Subjekt nur dann, wenn sich die Zuordnungen eindeutig ergeben. Dies gilt besonders für die satzwertigen Infinitivkonstruktionen, die mit „um zu", „ohne zu" oder „(an)statt zu" eingeleitet werden.Die

Gewissheit (,) *einen wichtigen Beitrag geleistet zu haben* (,) ermutigte sie.	- Infinitivsatz für einen Attributsatz
Sie versprach (,) *mich umgehend über alles zu informieren*. - Wir müssen die Sache nochmals genau besprechen (,) *um zu einer klaren Entscheidung zu kommen*.	- Infinitivsatz für einen Gliedsatz
Ich bat ihn (,) *mir das Heft möglichst bald zurückzubringen*.	- verschiedenes Subjekt, aber eindeutige Zuordnungen

Zur Zeichensetzung:
Satzwertige Infinitive müssen durch ein einzelnes oder paariges Komma vom Hauptsatz getrennt werden,

- wenn sie durch ein hinweisendes Wort angekündigt sind,	Ich habe schon lange **darauf** gewartet, *endlich die ganze Geschichte zu erfahren*.
- wenn sie ein ergänzender Nachtrag sind,	**Die Mehrheit**, *ohne auf die kritischen Einwände zu achten,* setzte den Plan durch.
- wenn sie durch einen Hinweis im übergeordneten Satz wieder aufgenommen werden.	*Die Sache endlich ins Reine zu bringen*, **das** war sein entschiedener Wunsch.

In allen anderen Fällen ist die Entscheidung, ob der Infinitivsatz durch ein einzelnes oder paariges Komma innerhalb des Satzgefüges abgegrenzt werden soll, in das Ermessen der Schreiberin oder des Schreibers gestellt.

Inlaut

Unter Inlaut versteht man einen Laut (vgl. Vokal, Konsonant) im Innern einer Silbe oder eines Wortes, im Unterschied zum Anlaut oder Auslaut: v**e**r-, e**n**t-, H**u**t, ru**n**d, s**ei**n, Klam-mer, **a**lt, re**d**en.

Instrumentaladverbiale

(vgl. Adverbiale, lat.: Umstandsangabe des Mittels)

> Das Instrumentaladverbiale ist eine Untergliederung des adverbialen Satzgliedes; es ist eine Umstandsangabe des Mittels. Es gibt Antwort auf die Fragen: Womit? - Wodurch?

Sie setzte die Maschine *mit einem Knopfdruck* in Gang. - Die Unwucht wurde *durch ein Gegengewicht* ausgeglichen.

Das Instrumentaladverbiale kann auch zu einem Instrumentalsatz (Gliedsatz) erweitert werden: Er öffnete den Bodendeckel, *indem er ihn am Rand mit einem Brecheisen anhob*.

Instrumentalsatz

(vgl. Adverbialsatz, lat.: Gliedsatz des Mittels)

> In einem Satzgefüge kann das Instrumentaladverbiale zu einem Gliedsatz erweitert werden, der genauere Angaben darüber macht, mit welchen Mitteln eine Handlung ausgeführt wird oder ausgeführt worden ist.

Instrumentaladverbiale	**Instrumentalsatz**
Sie schloss die Lampe *mit einem Verlängerungskabel* an.	*Dadurch dass sie ein Verlängerungskabel benutzte*, konnte sie die Lampe anschließen. - *Indem sie ein Verlängerungskabel in den Garten legte*, konnte sie die Lampe anschließen.

Da es nicht immer leicht ist, im Einzelnen zwischen dem „Mittel" und der „Art und Weise" einer Handlung zu unterscheiden, kann der Instrumentalsatz auch zum Modalsatz gerechnet werden:

Sie verlängerte die Leitung bis in den Garten, *indem sie ein weiteres Kabel dazwischensteckte.*	Womit? - Wie? - Auf welche Weise?

Interjektion

(die Interjektion, Plural: Interjektionen, lat.: Zwischenruf - Ausrufewort)

> Empfindungen der Freude, des Schmerzes usw. können durch einen „Zwischenruf" ausgedrückt werden. Diese Wörter sind nicht veränderlich; sie werden auch nicht als Satzglied oder Attribut verwendet. Man kann Interjektionen als selbstständige Kurzsätze ansehen, auch wenn sie einem Satz vorangestellt sind: *Juchhe! - Hurra! - Auweh! - Pfui! - Ätsch! - Hallo! - Oh, das ist mir aber peinlich.*

Interpunktion

(die Interpunktion, lat.: Setzung von Satzzeichen; siehe unter Satzzeichen)

Interrogativpronomen

(das Interrogativpronomen - zur Pluralbildung vgl. Pronomen - , lat.: Fragefürwort)

> Mit einem Interrogativpronomen werden häufig Wortfragen oder indirekte Fragesätze eingeleitet; es wird nach einem Lebewesen, einem Ding, einem Begriff oder auch nach einer genaueren Bestimmung des Genannten gefragt: **Wem** *gehört das Heft?* - **Welchen** *Text meinst du?* - **Was für einen** *Vorschlag hat er dir gemacht? - Weißt du,* **wer** *zugesagt hat?*

Zur Deklination:
- „Wer/was?" wird mit Ausnahme des Genitivs (wessen?) wie der bestimmte Artikel dekliniert.
- „Welcher/welche/welches?" wird mit oder ohne Nomen wie ein Adjektiv ohne Artikel dekliniert. Bisweilen steht aber im Genitiv/ Singular statt der Endung „-es" auch „-en": *Welches/welchen Schülers Beitrag hältst du für besser?*
- In der Wortgruppe „was für ein ...?" mit nachfolgendem Nomen wird nur der unbestimmte Artikel dekliniert: *An was für einen Blumenstrauß hast du gedacht?* - Da der unbestimmte Artikel keine Pluralform hat, wird der Plural der Wortgruppe ohne den unbestimmten Arti-

kel gebildet: *Was für Vorteile erhoffst du dir dabei?* - Ohne ein nachfolgendes Nomen wird dieses Interrogativpronomen wie ein Adjektiv ohne Artikel dekliniert: *Weißt du auch, was für einer er ist?* (Aber im Plural: *Was für **welche** meinst du?*)

Intonation

(die Intonation, lat.: Tonführung - Stimmführung, Sprechmelodie, Satzmelodie)

> Ein Satz besteht nicht aus einer zufälligen Aneinanderreihung von Wörtern; er ist nach Satzgliedern geordnet, die aufeinander bezogen und je nach Satzart (Aussage-, Aufforderungs- oder Fragesatz) unterschiedlich angeordnet sind.

Zusätzliche Verstehens- und Gliederungshilfen sind die Satzzeichen innerhalb (vgl. Satzgefüge) oder am Ende eines Satzes. - Dies alles bezieht sich in erster Linie auf geschriebene Texte. In der gesprochenen Sprache ist auch die Stimmführung wichtig , die einen Satz oder einen Text - z.T. ausgehend von den schriftlichen Vorgaben - in eine bestimmte Ton- und Betonungsfolge (vgl. Akzent) aufgliedert. Diese Intonation richtet sich im Großen und Ganzen nach der grammatischen Satzstruktur; dazu kommen aber situationsbedingte Hervorhebungen: *Soll ich sie fragen oder willst du mit ihr reden?- Nein, auf dich hört sie eher. Darüber bin ich mir ganz sicher.*

Intransitives Verb

(lat.: nichtzielendes Verb)

> Man spricht von einem intransitiven Verb - im Unterschied zu einem transitiven Verb - , wenn es als Prädikat in einem Satz kein Akkusativobjekt nach sich fordert (vgl. Valenz): *Inge **half** ihrer Mutter. - Die Rose **verblüht**.*

Nicht alle intransitiven Verben können ins Passiv gesetzt werden: *Ich vertraute ihm. Man vertraute ihm./ Es **wurde** ihm **vertraut**. Es **war** ihm **vertraut worden**.* - Aber (ohne Möglichkeit zu einer Umwandlung ins Passiv): *Sie kam sehr spät an.*

Einige Verben können intransitiv und transitiv gebraucht werden; dabei ändern sich die Wortbedeutung und auch die Bildung des Perfekts mit dem Hilfsverb „sein" oder „haben": *Sie <u>waren</u> sehr früh in die Berge <u>aufgebrochen.</u> - Sie <u>haben</u> das Schloss ohne Schwierigkeiten <u>aufgebrochen</u>.*

Inversion

(die Inversion, lat.: Umkehrung)

Im Aussagesatz steht das Subjekt normalerweise am Satzanfang; das einfache Prädikat oder der finite Prädikatsteil eines zusammengesetzten Prädikats folgt an zweiter Stelle:

Wir *fahren* morgen in die Ferien.
Wir *werden* morgen in die Ferien *fahren.*

Wenn ein anderes Satzglied (mit Ausnahme des Prädikats) an den Satzanfang gestellt wird, weil es besonders hervorgehoben werden soll, dann steht das Subjekt unmittelbar hinter dem einfachen Prädikat bzw. dem finiten Prädikatsteil; diese Umstellung oder diesen Austausch nennt man Inversion:

Morgen *fahren* **wir** in die Ferien.
Morgen *werden* **wir** in die Ferien *fahren.*

Statt eines Satzgliedes kann auch ein Gliedsatz mit dem Subjekt ausgetauscht werden:

| **Wir** | *spielen* | bei Regen | in der Halle. |
| Bei Regen | *spielen* | **wir** | in der Halle. |

| **Wir** | *spielen,* | wenn es regnet, | in der Halle. |
| Wenn es regnet, | *spielen* | **wir** | in der Halle. |

Irrealis

(der Irrealis, lat.: unwirklich - Unwirklichkeitsform)

Eine Aussage über etwas, das unwirklich, nicht möglich, nur gedacht oder ein unerfüllbarer Wunsch ist, wird durch den Modus des Konjunktivs II oder seiner Ersatzformen wiedergegeben (vgl. auch Konditionalsatz): *Wer **hätte** das von ihm **erwartet**? - **Wäre** ich am Montag in München, ich **würde** dir beim Umzug **helfen**. - Wenn ich das **gewusst hätte**, dann **wäre** ich **gekommen**. - **Hättest** du mich doch **angerufen**! - Fast **wären** sie Gruppensieger **geworden**.*

Kardinalzahl

(lat.: Grundzahl)

Ausgeschriebene Kardinalzahlen unter einer Million werden zusammen- und kleingeschrieben (Zusammenschreibung, Kleinschreibung); dabei stehen die Einer in Verbindung mit „und" vor den Zehnern: *dreiundsechzig, dreitausendvierhundertzweiundzwanzig.* Aber: *sechs Millionen zweihunderttausend.*

Kardinalzahlen werden nur in Verbindung mit einem Artikel großgeschrieben (vgl. Großschreibung, Nominalisierung): *eine Eins*, *die Vier, ein falscher Fünfziger.* Die Kardinalzahlen „hundert" und „tausend" können klein- oder großgeschrieben werden, wenn sie eine ungefähre Menge angeben: *mehrere hundert/Hundert Rinder - tausende/Tausende begeisterter Fans.*

Kasus

(der Kasus, Plural: Kasús, lat.: Fall)

Im Deutschen gibt es für die deklinierbaren Wortarten vier Kasus; jeder Kasus hat einen Singular und einen Plural:

	Singular	Plural	
Wer	der Baum	die Bäume	Nominativ (1. Fall, Wer-Fall)
oder	die Katze	die Katzen	
was?	das Haus	die Häuser	

Wessen?	des Baumes	der Bäume	Genitiv (2. Fall, Wes-Fall)
	der Katze	der Katzen	
	des Hauses	der Häuser	

Wem?	dem Baum	den Bäumen	Dativ (3. Fall, Wem-Fall)
	der Katze	den Katzen	
	dem Hause	den Häusern	

Wen	den Baum	die Bäume	Akkusativ (4. Fall, Wen-Fall)
oder	die Katze	die Katzen	
was?	das Haus	die Häuser	

Einzelne Satzglieder haben jeweils einen bestimmten Kasus:

Die Sonne scheint.	Wer scheint?	Subjekt
Franz putzt **sein Fahrrad**.	Wen oder was?	Objekt (Akkusativobjekt)
Ich helfe **meiner Schwester**.	Wem?	Objekt (Dativobjekt)

Beim Präpositionalobjekt und oft auch beim Adverbiale wird der Kasus durch die Präposition bestimmt:

Ich denke oft **an dich**.	Akkusativ	Präpositionalobjekt
Wir werden euch **am Sonntag** besuchen.	Dativ	Adverbiale

Auch in einem Satzgliedteil (Attribut, Apposition) werden Beziehungen oder Abhängigkeiten durch den Kasus ausgedrückt:

Das Fahrrad **meiner Schwester** hat zwölf Gänge.	Genitiv	Attribut
Herr Müller, **unser Trainer**, war mit dem Spielergebnis zufrieden.	Nominativ	Apposition

Kausaladverb

(das Kausaladverb, Plural: -adverbien, lat.: Umstandswort des Grundes)

> Das Kausaladverb ist eine inhaltliche Untergliederung zum Adverb; es bezieht sich auf den Grund oder die Ursache eines Geschehens oder einer Aussage. Erschließende Fragen sind: Warum? Weshalb? Wozu?

Es regnete; **deshalb** blieben wir zu Hause. - Es regnete; **trotzdem** spielten sie weiter. - **Hierzu** kann ich leider nichts sagen.

Kausaladverbiale

(vgl. Adverbiale, lat.: Umstandsangabe des Grundes)

> Das Kausaladverbiale ist eine Untergliederung des adverbialen Satzgliedes; es ist eine Umstandsangabe des Grundes. Es gibt Antwort auf folgende Fragen: Warum?- Weshalb?

Sie sprang *vor Freude* in die Höhe. - Er blieb *aus Trotz* zu Hause.

Das Kausaladverbiale kann auch zu einem Kausalsatz (Gliedsatz) erweitert werden: Der Brief kam zurück, *weil die Adresse nicht stimmte*.

Kausalsatz

(vgl. Adverbialsatz, lat.: Gliedsatz des Grundes - Begründungssatz)

> Im Kausalsatz - als Teil eines Satzgefüges - ist das Kausaladverbiale zu einem adverbialen Gliedsatz erweitert.

Kausaladverbiale	Kausalsatz
Wegen Erkrankung der Hauptdarstellerin musste die Premiere verschoben werden.	*Weil die Hauptdarstellerin seit Tagen an einer fieberhaften Grippe litt*, musste die Premiere verschoben werden.

Man kann die Unterscheidung zwischen beiden Formen folgenderma-
ßen erklären: Das Kausaladverbiale gibt einen zusammenfassenden
Grund wieder („wegen Erkrankung"); im Kausalsatz werden weitere Einzelheiten genannt („weil die Hauptdarstellerin seit Tagen an einer fie-
berhaften Grippe litt").

Kleinschreibung

Kleinschreibung gilt - mit Ausnahme des Nomens (vgl. auch
Nominalisierung) - für alle Wortarten, wenn sie nicht am
Satzanfang oder zu Beginn einer Überschrift stehen. In be-
stimmten Fällen werden aber auch Nomina und Nomi-
nalisierungen kleingeschrieben, nämlich dann wenn sie als
Nomina „verblasst" sind oder Funktionen einer anderen
Wortart übernommen haben.

Wortartwechsel des Nomens

- zum Adjektiv   In Verbindung mit „sein", „bleiben" oder „werden":
*Ich bin es **leid**. - Mir wurde **angst** und **bange**. -
Wer ist daran **schuld**?- Er blieb mir **gram**.*

- zum Adverb   *abends, anfangs, rechtens, schlechterdings*

- zur Präposition   ***angesichts** der Tatsache, **dank** deiner Hilfe, **zeit**
meinesLebens*

- zur Konjunkion   *Du kannst, **falls** das stimmt, dich auf einiges
gefasst machen.*

- zum Numerale   *ein **paar** sonnige Tage, drei **zehntel** Sekunden*
(Aber: ein Paar Schuhe, drei Zehntel der Einnah-
men)

Kleinschreibung trotz formaler Nominalisierung

- Bezug auf ein vorhergehendes oder nachstehendes Nomen: *Vor dem
Haus spielten viele **Kinder**, einige **kleine** im Sandkasten, die **größeren** am Klettergerüst. - Sie war die **schnellste** aller **Teilnehmerin-
nen**.*
- Superlativ mit „am" auf die Frage „Wie?": *Was hat dir **am besten**
gefallen. - Damit schaffst du es **am ehesten**.* Ebenso: *Sie begrüßten
uns **aufs**/**auf das herzlichste**.*

- Bestimmte feste Verbindungen aus einer Präposition und einem nicht-deklinierten oder auch deklinierten Adjektiv, die ohne Artikel verwendet werden: *Sie kamen **von nah** und **fern***. - *Wir reparieren nur **gegen bar***. - *Die Frage war nicht **ohne weiteres** zu beantworten*.
- Kardinalzahlen unter einer Million: *Er war **über die dreißig***. - ***An die achtzig** kamen zum Vortrag*. - *Ich hole dich **um acht** ab*.
- Die Zahladjektive (vgl. Indefinitpronomen, unbestimmtes Zahlwort) *viel, wenig, (der, die, das) eine, (der, die, das) andere* werden in allen Deklinationsformen kleingeschrieben: ***Die wenigsten** wussten Bescheid*. - *Was **der eine** nicht tut, soll **der andere** nicht lassen*. - ***Über alles andere** wirst du bald noch mehr erfahren*.Bei besonderer Hervorhebung kann aber auch großgeschrieben werden: *Dies ist **etwas ganz Anderes***.

Komparation

(die Komparation, lat.: Vergleich - Steigerung)

> Viele Adjektive und einige Adverbien können gesteigert werden; sie bilden aus der Grundstufe (Positiv) eine Vergleichsstufe (Komparativ) oder eine Höchststufe (Superlativ).

klein - groß - oft das kleine Haus - die große Stadt - Sie kommt oft.	Positiv
kleiner - größer - öfter Ich bin kleiner als du. - eine größere Anschaffung - Wir sehen uns öfter.	Komparativ (teilweise mit Umlaut)
das kleinste gemeinsame Vielfache - mit größter Mühe - Mit ihm habe ich am öftesten/häufigsten gespielt.	Superlativ (teilweise mit Umlaut)

Einige Adjektive und Adverbien werden unregelmäßig gesteigert:

gut - besser - am besten/ das Beste sehr - mehr - am meisten/ meist/ meistens	Wortwechsel
hoch - höher - am höchsten/ höchste Alarm- bereitschaft	unterschiedlicher Konsonantenstand

Adjektive, deren Inhalt eindeutig festgelegt ist und keine Abstufung erlaubt, können nicht gesteigert werden. Man erkennt sie meistens durch Gegenüberstellung: *rund - eckig, lebendig - tot, schriftlich - mündlich, englisch - deutsch, halb - ganz, eisern - hölzern, stündlich - täglich.*

Bei zusammengesetzten Adjektiven wird nur **ein** Wortteil gesteigert:

eine groß*zügigere* Lösung - die werbe*wirksamste* Methode	Die Zusammensetzung ergibt einen neuen, einheitlichen Begriff; deshalb wird der **zweite Wortteil** gesteigert.
eine *länger*fristige Maßnahme – die *best*mögliche Entscheidung	Wenn der erste Bestandteil steigerbar ist oder die einzelnen Bestandteile auch für sich allein einen Sinn haben, dann wird der **erste Wortteil** gesteigert.

Komparativ

(der Komparativ, lat.: Vergleichsstufe)

> Die meisten Adjektive und einige Adverbien können Vergleichsstufen (vgl. Komparation) bilden. Wenn der Vergleich keinen Unterschied angibt, dann wird die Grundstufe (Positiv) verwendet: *Lina ist genauso **alt** wie Egon.* Wenn ein Unterschied angezeigt werden soll, dann wird das Adjektiv oder Adverb im Komparativ wiedergegeben: *Sie ist **älter** als ich.* Nicht immer wird jedoch der Bezugspunkt genannt, sodass „eine größere Anschaffung" noch keine „große Anschaffung" zu sein braucht .

Der Komparativ wird mit dem Suffix *-er-* gebildet, - bei einigen Adjektiven und Adverbien zusätzlich mit dem Umlaut: *klein - kleiner, jung - jünger, wohl - wohler*. Zur besseren Aussprache wird teilweise ein „e" vor der Komparativendung ausgelassen: *Es wird dunkler* (aber: dunkel). - *Die Lebensmittel werden teurer* (aber: teuer).

Kompositum

(das Kompositum, Plural: Komposita, lat.: Zusammensetzung; siehe unter Zusammensetzung)

Konditionaladverbiale

(vgl. Adverbiale, lat.: Umstandsangabe der Bedingung)

> Das Konditionaladverbiale ist eine Untergliederung des adverbialen Satzgliedes; es ist eine Umstandsangabe der Bedingung. Es gibt an, unter welchen Bedingungen oder in welchem Fall etwas stattfindet oder eintritt.

Unter diesen Umständen ziehe ich meinen Antrag zurück. - *Bei Regen* spielen wir in der Halle.

Das Konditionaladverbiale kann auch zu einem Konditionalsatz (Gliedsatz) erweitert werden: *Wenn es heute Nachmittag regnen sollte*, dann spielen wir in der Halle.

Konditionalsatz

(vgl. Adverbialsatz, lat.: Bedingungssatz - Gliedsatz der Bedingung)

> Innerhalb eines Satzgefüges kann das Konditionaladverbiale zu einem adverbialen Gliedsatz erweitert werden.

Konditionaladverbiale	Konditionalsatz
Bei Regen fällt das Spiel aus.	*Wenn es regnet*, fällt das Spiel aus.

Der Konditionalsatz beschreibt die Bedingung einer Handlung oder eines Geschehens; die Bedingung kann real oder irreal sein:

Wenn ich morgen Zeit habe, werde ich euch helfen. — - reale Bedingung

Wenn ich das gewusst hätte, wäre ich sofort gekommen. — - irreale Bedingung (vgl. Konjunktiv II)

Konditionalsätze werden normalerweise mit einer Konjunktion (vgl. auch syndetisch) eingeleitet; sie können aber auch ohne ein Einleitewort (vgl. auch asyndetisch) stehen. Beides hat Folgen für die Satzstellung:

Falls sich etwas ändern sollte, rufe ich dich kurz an.	- Konjunktionalsatz mit Endstellung des Prädikats
Sollte sich etwas ändern, dann rufe ich dich an.	- asyndetischer Gliedsatz mit Anfangsstellung der Personalform des Prädikats

Kongruenz

(die Kongruenz, lat.: Übereinstimmung)

Wörter - z. T. aus verschiedenen Wortarten - sind in Satzgliedern, Sätzen und Satzgefügen aufeinander bezogen, sie müssen in mehreren formalen Merkmalen übereinstimmen.

Kongruenz mit dem bestimmenden Nomen

Für dieses Jahr erwarten wir einen erfolgreichen Jahresabschluss.	- Artikel (auch Pronomen) und Adjektiv (als Attribut) stimmen mit dem Nomen in Kasus, Numerus und Genus überein.
Unter Friedrich dem Großen, einem Vertreter des aufgeklärten Absolutismus, wurden in Preußen wichtige Reformen durchgeführt.	- Dies gilt auch für Appositionen.

Kongruenz zwischen Subjekt und Prädikat

Die Sonne scheint. - Die Sterne leuchten. *Du kommst; wir gehen.*	- Subjekt und Prädikat als die wichtigsten Satzglieder eines Satzes stimmen zumindest in Person und Numerus überein.
Inge und Hans kennen sich seit der Schulzeit.- Entweder sie oder er hat Recht. - Weder die Polizei noch die Feuerwehr waren informiert worden.	- Bei Aufzählungen mit „und", „sowohl ... als auch" usw. steht der Plural. Bei Gegenüberstellungen hängt der Numerus davon ab, ob alles zusammen oder einzeln gemeint ist.
Angela ist die Beste in unserem Kurs.	- Beim Prädikativum ist zusätzlich auf das Genus des Nomens zu achten. Der Kasus - d. h. der Nominativ - steht durch die Beziehung zum Subjekt fest.

Kongruenz in einem Satzgefüge-

Dein Brief, auf den ich lange ge-wartet habe, ist gestern angekommen.

- Relativsätze stimmen mit dem Genus und Numerus des Bezugswortes überein; der Kasus richtet sich nach der Konstruktion des Nebensatzes .

Konjugation

(die Konjugation, lat.: Beugung des Verbs)

> Das Verb ist die einzige Wortart, die konjugiert wird (Flexion); in konjugierter Form (finite Verbform, Personalform) bildet es im Satz das Prädikat. Man unterscheidet zwischen der schwachen, starken und unregelmäßigen Konjugation.

Die Konjugation des Verbs ist nach fünf Merkmalen bestimmt:

Person	*ich komme, du kommst, sie kommt, wir kom-men, ihr kommt, sie kommen*
Numerus	*du sagst* (Singular), *ihr sagt* (Plural)
Tempus	*sie singt* (Präsens), *sie sang* (Präteritum), *sie hat gesungen* (Perfekt), *sie hatte gesungen* (Plus-quamperfekt), *sie wird singen* (Futur I), *sie wird gesungen haben* (Futur II)
Modus	*er las* (Indikativ), *er lese/läse* (Konjunktiv), *lies/lest!* (Imperativ)
Genus des Verbs	*Sie gewann die Meisterschaft* (Aktiv). - *Die Meisterschaft wurde von ihr gewonnen* (Passiv).

Beachte:

Die Verben bilden im Aktiv das Perfekt, Plusquamperfekt und Futur II teils mit „haben", teils mit „sein".

- Mit dem Hilfsverb „haben" werden Modalverben, transitive Verben, reflexive Verben und unpersönliche Verben konjugiert: *Sie hatte nicht kommen können. - Ich habe das Buch gelesen.- Wir hätten uns sehr gefreut. - Dort wird es bestimmt schon geschneit haben.*

- Mit dem Hilfsverb „sein" werden intransitive Verben, wenn sie eine Zustands- oder Ortsveränderung bezeichnen, und die Hilfsverben „sein" und „werden" (auch „bleiben") konjugiert: *Die Blumen sind verblüht. - Sie war in die Stadt gefahren.- Ich bin es nicht gewesen. - Sie wären fast Klassenmeister geworden. - Wir sind zu Hause geblieben.*

Bei Verben, die transitiv und intransitiv verwendet werden können, ändert sich jeweils nach der Bedeutung auch die Tempusbildung: *Man hatte das Schloss aufgebrochen. - Wir waren sehr früh aufgebrochen.*

Konjunktion

(die Konjunktion, Plural: Konjunktionen, lat.: Verbindung - Bindewort)

> Die Konjunktion gehört zu den nicht flektierbaren Wortarten. Man unterscheidet zwischen nebenordnenden Konjunktionen (vgl. Koordination) und unterordnenden Konjunktionen (vgl. Subordination).

Nebenordnende Konjunktionen verbinden gleichrangige Aufzählungen oder Gegenüberstellungen in Attributen, Satzgliedern, Nebensätzen, Hauptsätzen oder Satzgefügen. Dabei ist zu beachten, dass neben den eigentlichen nebenordnenden Konjunktionen wie *und, oder, aber* usw. auch Adverbien wie *dann, deshalb, trotzdem* usw. eingesetzt werden können. Im Einzelnen unterscheidet man sie nach folgenden Funktionen:

Sie gehen *und* kommen. -
Er lebte *sowohl* in London *als auch* in Paris.
Entweder spielt er Fussball *oder* Tennis.

kopulativ (anreihend): *und , auch, sowie, weder ... noch, sowohl ... als auch* usw.
disjunktiv (ausschließend): *oder, sonst, andernfalls, entweder ... oder* usw.

Er macht Fortschritte, *aber* er muss noch fleißig üben.
Er kann nicht kommen, *denn* er ist krank.
Sie spielte wesentlich besser *als* ich.

adversativ (entgegensetzend): *aber, dennoch, sondern, trotzdem* usw.
kausal (begründend): *daher, darum, deshalb, nämlich* usw.
modal (Art und Weise): *so ... wie, desto, ebenso* usw.

Unterordnende Konjunktionen verbinden Gliedsätze mit dem übergeordneten Hauptsatz. Im Einzelnen unterscheidet man sie nach folgenden Funktionen:

Bevor er ins Bett ging, stellte er den Wecker. - *Während er* schlief, läutete das Telefon. - *Nachdem* er sich etwas beruhigt hatte, schlief er endlich ein.

temporal (zeitlich): *bis, ehe* (nachzeitig) - *indem, sobald, sooft* (gleichzeitig) - *als, seitdem* (vorzeitig) usw. (vgl. Zeitgefüge)

Ohne dass sie in die Debatte eingreifen musste, verlief sie nach ihren Wünschen.

modal (Art und Weise): *indem, statt dass, als wenn, als ob* usw.

Er setzte sich durch, *weil* er Recht hatte.

kausal (begründend): *da, zumal* usw.

Es dröhnte, dass uns die Ohren schmerzten.

konsekutiv (folgend): *sodass* usw.

Falls ich Zeit habe, komme ich.

konditional (bedingend): *wenn* usw.

Obwohl sie müde war, kam sie sofort.

konzessiv (einräumend): *obgleich, obschon, wenn auch* usw.

Während Franz sich freute, war Erwin ziemlich enttäuscht.

adversativ (entgegensetzend): *wohingegen* usw.

Ich helfe dir, *damit* du endlich fertig wirst.

final (die Absicht bezeichnend)

(Die Konjunktionen *„dass"*, *„ob"* und *„wie"* sind in diese Aufzählung schwer einzufügen; sie kennzeichnen meistens nur die Abhängigkeit des untergeordneten Satzes vom Hauptsatz.)

Konjunktionalsatz

(lat.: vgl. Konjunktion; Gliedsatz mit Bindewort)

Wenn ein Nebensatz durch eine unterordnende Konjunktion eingeleitet wird, nennt man ihn auch Konjunktionalsatz. Dies ist eine formale Bestimmung; die inhaltliche Bestimmung hängt von der Art der Konjunktion ab: *Als* der Lärm endlich nachließ, schlief sie ein . - Sie schlief ein, *obwohl* der Lärm nicht zu überhören war. - Ich weiß nicht , *ob/wann* er kommt. - Er hat mir versprochen, *dass* er kommt.

Konjunktiv

(der Konjunktiv; nach lat.: „coniungere", in Verbindung bringen, vermuten - Möglichkeitsform)

> Der Konjunktiv ist einer der drei Modi des Verbs. Man unterscheidet zwischen dem Konjunktiv I, der eine Möglichkeit, Vermutung oder auch eine wörtliche Mitteilung in indirekter Rede wiedergibt, und dem Konjunktiv II, der eine Möglichkeit in Frage stellt oder eine Aussage als unwirklich (Irrealis) charakterisiert. Im Einzelnen gibt es aber Überschneidungen.

Konjunktiv I

> Der Konjunktiv I wird in vier grammatischen Tempora gebildet: *sie meine* (Präsens), *sie habe gemeint* (Perfekt), *er werde kommen* (Futur I), *er werde gekommen sein* (Futur II).

Da der Konjunktiv I sich nur zum Teil von den entsprechenden Formen des Indikativs unterscheidet, werden die Formen des Konjunktivs I, die mit denen des Indikativs gleich lauten, durch den Konjunktiv II oder Umschreibungen mit „würde" ersetzt: *Sie meinte, ich (komme) käme zu spät / ich (habe) hätte mich geirrt / ich werde (würde) es schon wissen.*

Einige Beispiele für die Verwendung des Konjunktivs I:

Indirekte Rede	*Er sagte, dass er es so nicht gemeint habe. - Ich sagte,ich könne leider nicht kommen. - Sie hat mir versprochen, dass sie alles regeln werde.*
Vermutung, Annahme	*Er glaubte, dass er alles richtig gemacht habe.*
Wunsch	*Möge es so bleiben wie bisher! - Seien wir doch zufrieden mit dem, was wir bis jetzt erreicht haben!*
Anweisung	*Man lasse das Gemüse nicht zu lange kochen!*

Konjunktiv II

Der Konjunktiv II hat vier grammatische Tempora: *er käme* (Präsens), *er wäre gekommen* (Perfekt), *er würde kommen* (Futur I), *er würde gekommen sein* (Futur II). Bei den Hilfsverben, den meisten Modalverben und starken Verben wird der Konjunktiv II des Präsens durch Umlaut aus dem Indikativ des Präteritums gebildet: *ich (hatte) hätte, ich (konnte) könnte, ich (fuhr) führe.* Bei den schwachen Verben lauten der Indikativ des Präteritums und der Konjunktiv II des Präsens gleich.

Wenn der Konjunktiv II des Präsens sich nicht von den entsprechenden Formen des Indikativs unterscheidet oder die Form heute etwas fremd klingt, dann kann er mit „würde" umschrieben werden: *Wenn er es wünschte, (blieben wir noch einige Tage) würden wir noch einige Tage bleiben. - Ich (wüsche die Kartoffeln vor dem Schälen) würde die Kartoffeln vor dem Schälen waschen.* Dabei sollte man aber in einem Satzgefüge eine doppelte Umschreibung mit „würde" vermeiden: *Wenn er mitmachte, würde ich ihm helfen.*

Einige Beispiele für die Verwendung des Konjunktivs II:

Ersatz für Konjunktiv I	*Ich sagte ihm, ich käme morgen bei ihm vorbei.*
Vorsichtige Behauptung (Potentialis)	*Das wäre doch auch für dich eine schöne Aufgabe.*
Höfliche Aussage, Frage oder Aufforderung	*Ich möchte Sie etwas fragen. - Könntest du mir zustimmen? - Würden Sie bitte weitergehen.*
Zweifel, Erstaunen	*Das hättest du wirklich für mich getan?*
Feststellung	*So, das wäre geschafft.*
Unwirkliche Aussage oder Bedingung (Irrealis)	*Allein hätte ich das nicht geschafft. - Wenn du nur etwas gesagt hättest, dann hätte ich dir doch geholfen.*
Unerfüllbarer Wunsch	*Hätte er sich doch darauf nicht eingelassen!*

Konkretum

(das Konkretum, Plural: Konkreta, lat.: körperlich - Gegenstand)

Wenn man mit einem Nomen eine bestimmte Person oder einen bestimmten Gegenstand meint, dann wird von einem Konkretum gesprochen; das Benannte ist meistens „sichtbar" und „fassbar" , während mit einem Abstraktum ein Begriff - d.h. etwas Gedachtes - wiedergegeben wird.

meine Schwester - Franz - unser Dackel - das Formular - deine Brille	**Konkretum**
Freundschaft - Freude - Mut	**Abstraktum**

konnotativ

(lat: mitgemeint – Nebenbedeutung eines Wortes)

Ein Wort kann mehrere Bedeutungen haben, nämlich eine (denotative) Grundbedeutung und eine (konnotative) Nebenbedeutung. In einem Wörterbuch wird zuerst die Grundbedeutung genannt und dann folgen die verschiedenen Nebenbedeutungen, die das Wort noch haben kann. Diese Nebenbedeutungen hängen aber – im Unterschied zur Grundbedeutung – jeweils vom Kontext ab, d.h. vom Zusammenhang, in dem das Wort steht oder verwendet wird.

Grundbedeutung (denotativ)	**vom Kontext abhängige Nebenbedeutung (konnotativ)**
An der Spitze der Monarchie stand der *König*.	Bei uns ist der Kunde *König.*
Die Blätter sind *grün.*	Er kam auf keinen *grünen* Zweig:
Sie kann gut *schwimmen?*	Als er antworten sollte, kam er ins *Schwimmen.*
Er ist ein begeisterter *Radfahrer;* täglich fährt er mit dem Rad zur Arbeit.	Er ist ein typischer *Radfahrer:* nach oben ducken und nach unten drücken.

Konsekutivadverbiale

(vgl. Adverbiale, lat.: Umstandsangabe der Folge)

> Das Konsekutivadverbiale ist eine Untergliederung des adverbialen Satzgliedes; es ist eine Umstandsangabe, die auf die Folgen eines Geschehens oder Befundes hinweist oder sie nennt: *Zur Erleichterung aller* wurden die Steuern gesenkt.

Das Konsekutivadverbiale kann auch zu einem Konsekutivsatz (Gliedsatz) erweitert werden: Er sprach sehr leise, *sodass man ihn in den letzten Reihen kaum mehr verstand.*

Konsekutivsatz

(vgl. Adverbialsatz, lat.: Folgesatz - Gliedsatz der Folge)

> In einem Satzgefüge steht der Konsekutivsatz für ein Konsekutivadverbiale, das zu einem adverbialen Gliedsatz erweitert ist; er beschreibt die Folgen einer Handlung.

Konsekutivadverbiale	Konsekutivsatz
Die Verhandlungen wurden *zum Nutzen beider Gesprächspartner* weitergeführt.	Die Verhandlungen wurden weitergeführt, *sodass beide Gesprächspartner neue Argumente nennen konnten.*

Konsonant

(der Konsonant, Plural: Konsonanten, lat.: mitlautend - Mitlaut)

> Konsonanten können allein keine Silbe bilden, da sie „Mitlaute" (vgl. Laut) sind; sie stehen immer in Verbindung mit einem Vokal. Den meisten Konsonanten entspricht jeweils ein einzelner Buchstabe: b - c - d - f - g usw. (vgl. Abc); einige Konsonanten werden durch Kombination mehrerer Buchstaben „verschriftlicht": Bu**ch**, **eng**, rau**sch**en.

Bei der Beschreibung oder Charakterisierung der einzelnen Konsonanten unterscheidet man drei Kriterien:

- Wo wird der Konsonant gebildet (Artikulationsstelle) ?
    Lippenlaut (p, m), Zahnlaut (f, s), Gaumenlaut (g, ch, r)
- Wie wird der Konsonant gebildet (Artikulationsart)?
    Verschlusslaut (t, k), Nasenlaut (m, n), Reibelaut (f, sch)
- Wie wird der Konsonant ausgesprochen ?
    Die Stimmbänder im Kehlkopf schwingen: **M**ond, Ha**s**e (stimmhaft).
    Die Stimmbänder kommen nicht zum Schwingen: Wa**ch**e, Wa**ss**er (stimmlos).

Konsonantenverdoppelung

Nach einem *betonten* kurzen Vokal wird zur Kennzeichnung der Vokalkürze der nachfolgende Konsonant meistens doppelt geschrieben (vgl. Abc, Buchstabe).

Ka**mm**, fä**ll**en, Be**tt**, Ri**ss**, So**nn**e, vö**ll**ig, Bu**tt**er, mü**ss**en .

Dabei verdoppelt sich der Konsonant „k" zu „ck" und „t" zu „tz"; bei der Worttrennung gilt „ck" als ein Buchstabe und „tz" als zwei. Für einzelne Fremdwörter ist die Doppelschreibung beibehalten:

Zu**ck**er (Zu/cker), si**tz**en (sit/zen), Mo**kk**a (Mok/ka), Ski**zz**e (Skiz/ze).

Auch bei einigen Endungen mit *unbetontem* kurzen Vokal wird der Konsonant dann verdoppelt, wenn ein weiterer Vokal folgt:

Freundin / Freundi**nn**en, Verzeichnis / Verzeichni**ss**e, Omnibus / Omnibu**ss**e.

Die Doppelung unterbleibt jedoch, wenn auf den *betonten* Vokal mehrere Konsonanten folgen:

Al**t**er, sä**mtl**ich, hel**f**en, fi**nst**er, i**mpf**en, of**t**, un**t**en, gü**nst**ig.

Die Konsonantenverdoppelung ist zwar eine orthographische Hilfe, um die Vokalkürze zu kennzeichnen, sie wird aber nicht konsequent durchgehalten; denn sonst müsste man z.B. folgende Wörter anders schreiben: *des* (dessen), *in* (innen), *man* (Mann), *Bus* (Busse).

Kontext

(lat.: „contextus", Gewebe - Sinnzusammenhang)

In einem Gespräch kann ein Satz geäußert werden, der nach allen Regeln der Grammatik aufgebaut ist; trotzdem wird sein Inhalt von jemandem, der gerade hinzugekommen ist, nicht oder nicht vollständig verstanden: Dem neuen Zuhörer oder Gesprächspartner fehlt der Sinnzusammenhang; er kann die gehörte Äußerung nicht einordnen. Nehmen wir an, er hört den Satz: „Wann hast du das letzte Mal mit ihr darüber gesprochen?", dann kann er dem Gespräch nur folgen, wenn er weiß , von wem und worüber die Rede ist. In der Sprache gibt es die Möglichkeit, bereits Bekanntes oder Erwähntes jeweils durch ein Pronomen oder Pronominaladverb „abzurufen"; es braucht nicht der ganze Sachverhalt wiederholt zu werden. Diese Verkürzungen stören aber nur dann den „Informationsfluss" nicht, wenn alle Beteiligten wissen , wovon die Rede ist: (Franz hat Inge versprochen, am Montagabend mit ihr ins Kino zu gehen; denn sie wollte endlich auch einmal den Kultfilm „Casablanca" sehen.) - „Es tut mir Leid, aber ich habe den Termin verschwitzt, wirklich! Es soll ihn nächste Woche noch einmal geben. Dann hol ich dich ab. Mein Wort drauf!"

In einer Gesprächssituation können bei einzelnen Sätzen auch Formulierungen oder Satzteile ausgelassen werden, die bereits bekannt sind und sich aus dem Sinnzusammenhang ergeben. Dadurch werden überflüssige Wiederholungen vermieden:

Wann ereignete sich der Unfall?	- Gestern um 15 Uhr 30.
Wo?	- Ecke Roonstraße/Pappelallee.
Ursache?	- Missachtung der Vorfahrt.
Gibt es Zeugen?	- Leider nein. Aber die Polizei hat die Bremsspuren gesichert.

Konzessivadverbiale

(vgl. Adverbiale, lat.: Umstandsangabe der Einräumung)

Das Konzessivadverbiale ist eine Untergliederung des adverbialen Satzgliedes; es ist eine Umstandsangabe der Einräumung oder des wirkungslosen Gegengrundes.

Sie stiegen *trotz der Lawinenwarnung* zur Hütte hoch. - *Entgegen aller Erwartung* wurde sie doch noch mit deutlicher Mehrheit wiedergewählt.

Das Konzessivadverbiale kann auch zu einem Konzessivsatz erweitert werden: Es wird gespielt, *auch wenn der Rasen noch feucht ist. - Obwohl ihnen der Proviant ausging*, wollten sie die Expedition nicht abbrechen.

Konzessivsatz

(vgl. Adverbialsatz, lat.: Einräumungssatz - Gliedsatz der Einräumung)

Nach der äußeren Form ist der Konzessivsatz ein Konjunktional-satz , d.h. ein Gliedsatz, der mit einer unterordnenden Konjunktion beginnt. Seiner Funktion nach ist er die Erweiterung eines Konzessivadverbiales zu einem Nebensatz innerhalb eines Satzgefüges; er beschreibt, wie etwas „trotzdem" - trotz warnender Einwände - geschehen oder eingetroffen ist:

Konzessivadverbiale	Konzessivsatz
Trotz der Sturmwarnung fuhren sie aufs Meer hinaus.	*Obwohl der Wetterdienst Sturm-warnung gegeben hatte,* fuhren sie aufs Meer hinaus.

Koordination

(die Koordination, lat.: Gleichordnung - Beiordnung, Nebenordnung)

Attribute, Satzglieder, Nebensätze oder Hauptsätze, die gleich-rangig sind, können in Form einer Aufzählung aneinander ge-reiht werden (Attributreihe, Satzgliedreihe, Gliedsatzreihe, Attributsatzreihe, Satzreihe).

Bei asyndetischen Nebenordnungen dient das Komma zur Gliederung: *Sie betraten einen **großen, hell erleuchteten** Saal.* Bei syndetischen Nebenordnungen ist zu unterscheiden zwischen gleichordnenden Konjunktionen, vor denen kein Komma gesetzt wird, und entgegenstellenden Konjunktionen, vor denen ein Komma gesetzt wird. Ohne vorausgehendes Komma werden z.B. verwendet: *und, oder, bzw., sowie, entwe-*

der ... oder, sowohl ... als (auch), weder ... noch. Mit vorausgehendem Komma werden z.B. verwendet: *aber, doch, jedoch, sondern* (Ebenso: - *teils ... ,teils - einerseits ... ,andererseits - halb ... , halb*). Beispiele dazu: *Franz, Inge und Martina fuhren gemeinsam in die Ferien. - Er schwieg, aber dies war als Zustimmung zu verstehen. - Sie übernachteten teils in Einzelzimmern, teils in Mehrbettzimmern.*

Merke:
Diese Regeln gelten auch, wenn z.B. ein Satzglied und ein Gliedsatz miteinander verbunden sind: *Bei Dunkelheit und wenn es regnet,* spielen wir in der Halle. - *Wenn es regnet oder bei Dunkelheit* spielen wir in der Halle. - *Einerseits weil er keine Lust dazu hatte, andererseits einfach aus Vergesslichkeit* kam er nicht zur Sitzung.

Kurzsatz

Kurzsätze sind grammatisch unvollständige Sätze (vgl. Ellipse), deren Sinn oder Aussageabsicht aus der Gesprächssituation oder im Textzusammenhang (Kontext) verstanden wird; der Hörer oder Leser ergänzt sich selbst den fehlenden Rest, der vom Sprecher oder Schreiber als bekannt oder selbstverständlich vorausgesetzt wird. Kurzsätze bestehen teilweise nur aus einzelnen Wörtern:

Vorsicht! - Endlich! - Immerhin! - Na, also! - Herein! - Bitte warten! - Alles aussteigen! - Einverstanden? - Warum auch nicht? - Sonst noch etwas?

Laut

Laute sind die kleinste Einheit der geprochenen Sprache. In der Schrift werden sie durch einzelne Buchstaben oder Buchstabenkombinationen wiedergegeben. Nicht jedem Laut entspricht ein Buchstabe; es gibt mehr Laute als Buchstaben (vgl. Abc). Man unterscheidet zwischen Vokalen (Selbstlauten) und Konsonanten (Mitlauten).

Vokale: a - e - i - (y) - o - u
           Land, Pferd, Milch, Physik, Boden, Suche

Zu den Vokalen gehören auch die Umlaute und Diphthonge.
> Umlaut: ä - ö - ü
>> **Bär, König, Tüte**
> Diphthong: au - äu - ei - (ai) - (ay) - (ey) - eu
>> **faul, Häuser, fleißig, Mai, Bayern, Meyer, heute**

Vokale können kurz oder lang gesprochen werden.
> Kurzer Vokal: **Ka**tze, **Be**tt, **Fi**sch, **o**ffen, **du**rch
> Wird nach einem Vokal der Konsonant doppelt (Konsonan-
> tenverdoppelung) geschrieben, dann wird der Vokal kurz
> gesprochen.
> Langer Vokal: **Ra**t, **Bee**t, **vie**l, **Foh**len, **ru**fen
> Die Beispiele zeigen, dass bei manchen Wörtern die Vokallänge
> noch durch ein zusätzliches Schriftzeichen verdeutlicht wird.

Vokale stehen in betonten und in unbetonten Silben.
> Betonter Vokal: **sa**chlich, **Re**de, **bi**nden, **ho**ffen, **mu**nter
> Unbetonter Vokal: dankb**a**r, B**e**rlin, ein**i**g, Rett**u**ng

Konsonanten: b - c - d - f - g - h - k - l - m usw. - Einzelne Konsonanten-
laute können auch durch Kombination mehrerer Schriftzeichen wiedergegeben werden: su**ch**en, Zu**ck**er, rau**sch**en.
Die Konsonanten können allein keine Silbe bilden, da sie „Mitlaute" sind;
sie stehen immer in Verbindung mit einem Vokal.
Konsonanten werden stimmhaft oder stimmlos ausgesprochen.
> Stimmhafte Konsonanten: **b**aden, **l**oben, er**n**euern, be**w**ahren
> Stimmlose Konsonanten: Sa**ch**e, un**k**lar, hä**ss**lich, **sch**arf, Ver**t**rag

Nach der Stellung im Wort unterscheidet man die Laute als
> Anlaut (**ü**ber, **f**inden),
> Inlaut (**sa**gen, Re**b**e),
> Auslaut (Kin**o**, Bau**m**).

Lehnübersetzung

Oft wurden und werden Begriffe und Bezeichnungen aus anderen Sprachen nicht einfach als Fremdwörter übernommen oder
als Lehnwörter der eigenen Sprache angepasst, sondern sinngemäß übersetzt oder umschrieben.

Diese Übertragungen heißen Lehnübersetzungen; sie reichen von der
wörtlichen bis zur freien Wiedergabe des Gemeinten. Dafür einige Beispiele:
> Volksherrschaft (griech. „Demokratie") - Handschrift (lat. „Manuskript")
> - Schöngeist (frz. *bel esprit*) - Wolkenkratzer (engl. *sky-scraper*)

Lehnwort

Lehnwörter sind zwar aus fremden Sprachen „entlehnt", aber man merkt ihnen ihre Herkunft nicht mehr an; sie sind im Lauf der Jahrhunderte in Lautung und Form der deutschen Sprache angepasst worden : Aus einem ursprünglichen Fremdwort ist ein Lehnwort geworden. Mit den sprachlichen Entlehnungen sind auch Kenntnisse und Techniken anderer Völker übernommen worden.

Aus dem Lateinischen: Straße (*strata*), Ziegel (*tegula*), Fenster (*fenestra*), Kohl (*caulis*), Wein (*vinum*) usw.

Auch internationale Handelsbeziehungen (besonders durch die Vermittlung der italienischen Handelszentren) brachten neue Wörter und Begriffe mit sich: Bank, Konto, Summe; Samt, Zimt, Zucker usw. Diese Entwicklung ist nicht abgeschlossen, besonders angesichts der neuen Medien: z. B. eine Nachricht *durchfaxen* - einen *Tippfehler* korrigieren. Dabei sind die Übergänge vom Fremdwort zum eingedeutschten Lehnwort fließend.

Lokaladverb

(das Lokaladverb, Plural: -adverbien, lat.: Umstandswort des Ortes)

Das Lokaladverb ist eine inhaltliche Untergliederung zum Adverb; es bezieht sich auf den Ort oder die Richtung eines Geschehens oder einer Aussage.

Wir wohnen **hier**.	- *Wo?* (auch: da, dort, oben, links, überall usw.)
Wir gehen mit euch **überallhin**.	- *Wohin?* (auch: dahin, vorwärts, hierhin usw.)
Sie hatten es **irgendwoher** erfahren.	- *Woher?* (auch: daher, dorther usw.)

Lokaladverbiale

(vgl. Adverbiale; lat.: Umstandsangabe des Ortes)

> Das Lokaladverbiale ist eine Untergliederung des adverbialen Satzgliedes; es ist eine Umstandsangabe des Ortes. Es gibt eine Antwort auf folgende Fragen: Wo? - Wohin? - Woher? - Woraus?

Der Schacht hat *oben* eine Öffnung. - Wir gehen *zum Training*. - Ich komme gerade *von der Fahrstunde*. - Das Wasser quillt *aus dem Boden.*
Das Lokaladverbiale kann auch zu einem Lokalsatz (vgl. Gliedsatz) erweitert werden: Ich fahre mit dir, *wohin du willst.*

Lokalsatz

(vgl. Adverbialsatz, lat.: Gliedsatz zur Angabe des Ortes oder der Richtung)

> Im Lokalsatz ist das Lokaladverbiale zu einem Gliedsatz erweitert: Ich parke, *wo es für dich am günstigsten ist*.

Der Lokalsatz wird meistens durch ein vorausweisendes Adverbiale eingeleitet: In den Ferien fahren wir **dorthin**, wo *die Sonne scheint.*

Maskulinum

(das Maskulinum, Plural: Maskulina, lat.: männliches Genus des Nomens; dazu auch: maskulin, männlich)

> Die Nomina (Substantive, Hauptwörter) haben - durch den Artikel jeweils erkenntlich - ein *grammatisches* Genus (Geschlecht), das aber nicht immer mit dem *natürlichen* Geschlecht übereinstimmt: *der* Knabe, *das* Knäblein.

Metapher

(die Metapher, Plural: Metaphern, griech.: Übertragung, „bildlich gesprochen")

> Viele Wörter können nicht nur in ihrer „wörtlichen" (eigentlichen)
> Bedeutung, sondern auch im übertragenen (bildlichen) Sinn ver-
> wendet werden.

Dieser Wechsel des Bedeutungsbereichs hängt vom Kontext ab; wichtig
dabei ist, dass zwischen der wörtlichen und der metaphorischen Verwendung eine Vergleichsmöglichkeit besteht:

Der Mensch geht aufrecht *auf zwei Beinen*.- Der Küchentisch hat *vier Beine*.

Durch eine Metapher werden Sachverhalte veranschaulicht oder neue
Begriffe geschaffen; sie ist in der Alltagssprache genauso oft zu finden
wie in literarischen Texten.

wörtlich:	*übertragen:*
An der Küste wechseln **Ebbe** und **Flut**.	Nach der anfänglichen **Flut** der Begeisterung **ebbte** das Interesse doch sehr schnell **ab**.
Der Graben ist **tief**.	Die Beleidigung traf ihn **tief**.
Der Rhein **fließt** in die Nordsee.	Sie spricht **fließend** Spanisch.

Es gibt Metaphern, die - vor allem bei Zusammensetzungen - so selbstverständlich in die Alltagssprache eingegangen sind, dass man sie erst
im zweiten Durchgang als solche erkennt: Fluss**arm**, Fluss**bett,** Rede**fluss**,
Verkehrs**strom**, Fehler**quelle**, **Quellen**angabe.

Metonymie

(die Metonymie, griech.: Umbenennung - Namensvertauschung)

> Im Unterschied zur Metapher (Verwendung eines Wortes in
> übertragener Bedeutung) versteht man unter Metonymie
> den Austausch einer Bezeichnung durch eine andere. Beide
> Bezeichnungen müssen inhaltlich zueinander in Beziehung
> stehen. Meistens handelt es sich um die verkürzte („aus-
> zugsweise") Wiedergabe einer genauen und ausführlichen
> Bezeichnung.

Karlsruhe hat entschieden.　(*das Bundesverfassungsgericht in Karlsruhe*)

Österreich siegte bei der internationalen Schanzentournee.　(*die österreichischen Skispringer*)

Sie fährt einen **Porsche**.　(*einen Sportwagen der Autofirma Porsche*)

Der **Ploetz** ist in einer überarbeiteten Auflage erschienen.　(*das von Karl Ploetz begonnene historische Nachschlagewerk*)

Modaladverb

(das Modaladverb, Plural: -adverbien, lat.: Umstandswort der Art und Weise)

> Das Modaladverb ist eine inhaltliche Untergliederung zum Adverb; es bezieht sich auf die „Art und Weise" eines Geschehens oder einer Aussage. Erschließende Fragen sind: Wie? Wie sehr? Auf welche Art und Weise?

Wir haben dir **gerne** geholfen. - Ich bin **durchaus** deiner Meinung. - Sie stürzten sich **kopfüber** in die neue Arbeit. - Sie war dieses Jahr **überaus** erfolgreich.

Modaladverbiale

(vgl. Adverbiale; lat.: Umstandsangabe der Art und Weise)

> Das Modaladverbiale ist eine Untergliederung des adverbialen Satzgliedes; es ist eine Umstandsangabe zur Art und Weise eines Geschehens. Es gibt Antwort auf folgende Fragen: Wie? - Wie viel?

Das Auto fuhr *zu schnell*. - Der Korb wog *über zehn Kilo*.

Das Modaladverbiale kann auch zu einem Modalsatz erweitert werden: Er zog sich zurück, *ohne dass es jemand bemerkte.*

Modalsatz

(vgl. Adverbialsatz, lat.: Gliedsatz der Art und Weise)

> Das Modaladverbiale bezieht sich auf die „Art und Weise" oder auf die Umstände eines Geschehens; so auch der Modalsatz, der in einem Satzgefüge die (erweiterten) Aufgaben des adverbialen Satzgliedes übernimmt.

Modaladverbiale	Modalsatz
Sie stimmten *ohne Zögern* zu.	Sie stimmten, *ohne dass sie größere Einwände hatten* (*ohne größere Einwände zu haben;* vgl. Infinitivsatz), dem Antrag zu.

Modalverb

(abstufendes, „modifizierendes" Verb)

> Im weiteren Sinn kann man die Modalverben ebenfalls als eine Art Hilfsverben bezeichnen. Sie sind zwar nicht - wie die eigentlichen Hilfsverben - für die Konjugation der Vollverben unerlässlich, aber sie geben der Aussage eine bestimmte Richtung; man spricht dabei von der Art und Weise (in sinngemäßer Anlehnung an die Modi) , wie eine Aussage zu verstehen sei oder welche Umstände zusätzlich zu berücksichtigen seien.

Er *will* uns demnächst besuchen.	wollen	Absicht
Ich *soll* ihm helfen.	sollen	Auftrag
Er *soll* gesagt haben.		Vermutung
Sie *konnte* sehr gut singen.	können	Fähigkeit
Er *konnte* tun, was er wollte.		Erlaubnis
Ich *muss* mich damit genauer beschäftigen.	müssen	Notwendigkeit, Zwang
Er *darf* an den Winterspielen teilnehmen.	dürfen	Erlaubnis
Ich *möchte* lieber ins Kino gehen.	mögen	Absicht, Wunsch

Merke:
Modalverben verbinden sich ohne „zu" mit dem Vollverb: *Sie konnte nicht kommen.* Bei zusammengesetzten Tempora im Perfekt, Plusquamperfekt oder Futur II wird die grammatische Form des Partizips II durch die Form des Infinitivs ersetzt: *Er hatte es ihr verheimlichen wollen*. Wenn das Modalverb aber selbst die Funktion eines Vollverbs hat, dann wird es auch als Vollverb konjugiert: *Das habe ich nun wirklich nicht gewollt*.

Modus

(der Modus, Plural: Modi, lat.: „Art und Weise" der Aussage - Aussageweise)

> Das Verb kann innerhalb der Konjugation für drei Modi (Aussageweisen) eingesetzt werden.

- Indikativ	*Das Fahrrad wird morgen repariert.*
- Konjunktiv I und II	*Er meinte, das stimme so nicht. - Wie hätten wir das das alles schaffen sollen?*
- Imperativ	*Ruf bitte sofort zurück!*

Morphem

(das Morphem; Neubildung nach griech.: „morphé", Gestalt - „Wortbaustein")

> Morpheme sind die kleinsten bedeutungtragenden Einheiten einer Sprache. Man unterscheidet zwischen *freien* Morphemen, die selbstständig stehen können, und *gebundenen* Morphemen, die nicht für sich allein stehen können.

freie Morpheme:
Es sind meistens einsilbige (vgl. Silbe) Wörter, die zum ältesten Bestand der Sprache (vgl. Stammwort) gehören. Sie treten als selbstständige Wörter mit eigener Bedeutung auf: *Baum, alt, oft*.

gebundene Morpheme:
Es sind Wortteile, die zwar nicht für sich allein stehen können, aber der Wortstamm für abgeleitete Wörter und Zusammensetzungen sind: *finden, Versteck, Gebinde*.
Zu den gebundenen Morphemen gehören auch die Wortbildungsmorpheme (vgl. Wortbildung) und die Flexionsmorpheme (vgl. Flexion, Deklination, Konjugation).

Wortbildungsmorpheme (vgl. auch Präfix, Suffix):
belegen, verbieten, Impfung, Freiheit, handlich

Flexionsmorpheme:
die Felder, er sagt

Bei der Deklination und Konjugation kann ein Morphem auch aus mehreren Bestandteilen bestehen:
Häuser   Pluralmorphem aus Umlaut und Pluralendung
du rätst   Morphem aus Umlaut und Konjugationsendung

Morphologie

(die Morphologie, griech.: Lehre von der Gestalt der Wörter - Wortlehre)

> Die Morphologie befasst sich mit der Wortbildung und mit der Formenlehre (Flexion).

- Durch Ableitungen, Zusammensetzungen, Übernahmen aus anderen Sprachen usw. erweitert sich ständig der Wortschatz, jedoch jeweils nach bestimmten Regeln der Wortbildung.

- In Texten und Sätzen - ob mündlich oder schriftlich - werden Wörter je nach der Wortart konjugiert oder dekliniert. Diese Veränderungen in der Wortform (*ich gehe, sie ging - der Tag, die Tage* usw.) geben unterschiedliche Informationen wieder, jedoch jeweils auf der Basis des Grundwortes, wie es im Lexikon zu finden ist.

Nachsatz

> Wenn in einem Satzgefüge der Nebensatz nach dem Hauptsatz steht, dann spricht man von einem Nachsatz; er ist durch ein Komma vom Hauptsatz getrennt.

Denke genau nach, *damit du auch nichts vergisst*!	Gliedsatz
Ich habe keine Ahnung, *wann sie ankommen.*	indirekter Fragesatz
Sie empfahl mir einen Roman, *den ich unbedingt lesen müsste*.	Attributsatz

Nachzeitigkeit

(siehe unter Zeitgefüge)

Nebenordnung

(siehe unter Parataxe, Koordination und Satzreihe)

Nebensatz

> Der Nebensatz ist von einem übergeordneten Hauptsatz abhängig (vgl. Hypotaxe, Subordination). Die Verbindung von Hauptsatz und Nebensatz bildet ein Satzgefüge.

Bei den Aufgaben der Nebensätze unterscheidet man zwischen Gliedsätzen und Attributsätzen. Damit ist gemeint, dass sie anstelle eines Satzgliedes und/oder Attributes im Hauptsatz stehen und sie zu einer eigenen Satzkonstruktion erweitern:

Bei Regen findet die Veranstaltung im Saale statt.	Satzglied
Wenn es regnet, findet die Veranstaltung im Saale statt.	Gliedsatz

Ich bin mit dem Vorschlag *des Vorstandes* nicht   Attribut
einverstanden.
Ich bin mit dem Vorschlag, *den der Vorstand zur*   Attributsatz
Annahme empfohlen hat, nicht einverstanden.

Nebensätze sind erstens an einem Einleitewort (Konjunktion, Pronomen, Adverb) und zweitens an der Endstellung des Prädikats zu erkennen: *Obwohl es in Strömen regnete*, wurde das Spiel nicht abgebrochen. - Die Straße, *in der wir wohnen*, ist für den Durchgangsverkehr gesperrt. - Weißt du, *wann er kommt*?
Bei einem mehrteiligen Prädikat steht der finite Prädikatsteil nach dem infiniten Prädikatsteil: Er konnte kein Geld abheben, *weil er sein Konto bereits überzogen hatte*.

Merke:
Bei Nebensätzen ohne ein Einleitewort (vgl. asyndetisch) steht das einfache Prädikat bzw. der finite Prädikatsteil am Anfang: *Wüsste ich es, würde ich es dir auch sagen. - Hätte ich es vorher gewusst, hätte ich es dir auch gesagt.*

In ein Satzgefüge kann ein Gliedsatz als Vordersatz, Binnensatz oder Nachsatz eingebaut sein: *Wenn ich Zeit habe*, komme ich. - Ich werde, *wenn ich Zeit habe*, bestimmt kommen. - Ich komme bestimmt, *wenn ich Zeit habe.*
Attributsätze folgen meistens nach dem Bezugswort: Die Adresse, *die du mir genannt hast,* stimmt nicht mehr.

Sonderformen des Nebensatzes sind der Infinitivsatz und der Partizipialsatz: *Ohne auch nur ein Wort zu sagen* (,) verließ er den Saal. - Mit den Bauarbeiten, *immer wieder verschoben*, wurde endlich begonnen.

Negation
(die Negation, lat.: Verneinung)

> Die Verneinung eines Sachverhaltes kann entweder durch die Wortbildung (**un**möglich, sorg**los**) oder durch den Satzbau wiedergegeben werden.

Bei der Beschreibung der Negation im Satz sind drei Gesichtspunkte zu berücksichtigen:

1.) Werden einzelne Wörter, (Satzteile, Satzglied, Attribut) oder ein
ganzer Satz verneint?
2.) Zu welcher Wortart gehört das Negationswort?
3.) An welcher Stelle im Satz steht das Negationswort?

Zu 1.):
Ob die Gesamtaussage eines Satzes oder nur Teile davon verneint werden, hängt oft von der Betonung (Intonation) oder Wortstellung ab; deshalb gibt es im Einzelnen durchaus Übergänge.

Nicht ich, sondern Franz hat dir das gesagt.	- Es wird nur ein Teil des Satzes verneint.
Ich hatte davon **keine** Ahnung. Das konnte **niemand** ahnen. So stimmt das **keinesfalls**.	
Hast du das gewusst? - **Nein**. Ich kann leider **nicht** kommen.	- Es wird der ganze Satz verneint.

Zu 2.):
Das Negationswort „nein" ist - wie auch seine positive Entsprechung „ja" -
schwer in eine Wortart einzuordnen. Als Kurzantwort auf eine Satzfrage
nennt man es ein „Satzwort" (stellvertretend für einen ganzen Satz; vgl.
auch Kurzsatz); man könnte es aber auch als eine Interjektion oder als
eine Partikel verstehen:

Stimmt das? - **Nein**.	- „Satzwort"
Nein, **nein** und nochmals **nein**!	- Interjektion
Das ist unmöglich. **Nein**,das kann nicht stimmen.	- Grad- oder Modalpartikel

Ähnlich verhält es sich mit dem häufigsten Negationswort „nicht"; meistens wird es auf der Ebene der Wortarten als Adverb und im Satz als
Adverbiale oder Attribut beschrieben:

Daran habe ich **nicht** gedacht.	- Adverb / Adverbiale
Das Gericht tagte in **nicht** öffent- licher Sitzung.	- Adverb / Attribut

Weitere Negationswörter gehören zu den Pronomina (auch Artikel) und
Adverbien:

Inge hat einen Computer; ich habe **keinen** Computer.	- Verneinung durch Artikel oder Pronomen

Darüber möchte ich mit
niemandem reden.

Nie (nirgendwo / keinesfalls)   - Verneinung durch Adverb
hatten sie jemals vorher besser
gespielt.

Zu 3.):
Wenn die Aussage des Gesamtsatzes verneint wird, dann steht im Hauptsatz das Negationswort „nicht" bei einfachem Prädikat meist am Satzende und bei zusammengesetztem Prädikat zwischen dem finiten und
dem infiniten Prädikatsteil: Ich *kenne* ihn leider **nicht**. - Darüber *hast* du
mich **nicht** *informiert*. Im   Nebensatz steht das Negationswort vor dem
Prädikat: ... weil ich es **nicht** *weiß* / . . .weil ich es **nicht** *gewusst habe.*

Wenn nur ein Teil der Aussage verneint wird, dann steht das Negationswort unmittelbar vor dem Bezugswort: Sie sind **nicht** *mit dem Auto*, sondern *mit dem Zug* gefahren. - Die Firma hat uns leider **nicht** *regelmäßig*
beliefert.

Neologismus

(der Neologismus, Plural: Neologismen, griech.: Neuschöpfung eines
Wortes - Neuwort)

Ein Fahrzeug zu Lande fährt auf Rädern; ein Schiff wird vom
Wasser getragen. Als die ersten steuerbaren Ballons und „Zeppe-
line" durch die Luft fuhren, nannte man sie „Luftschiffe": ein Fahrzeug ohne Räder, das sich durch die Luft wie ein Schiff durch
das Wasser bewegt. Dieser Neologismus ist aus Bestandteilen der
eigenen Sprache gestaltet. Häufiger ist der Rückgriff auf Fremdwörter, um neue Techniken, Berufe usw. zu beschreiben; dabei
zeigt sich eine Tendenz zur internationalen Vereinheitlichung der
Neuwörter.

Astronaut	(griech. und lat.: „Sternenseemann")
Television	(griech. und lat.: „Fernsicht")
Intercity	(lat. und engl.: Ein Zug, der „zwischen Städten" verkehrt.)
Megastar	(griech. und engl.: Jemand, der ein „großer Stern" im „Showbusiness" ist.)

Im weiteren Sinn sind Neologismen Wortkombinationen jeglicher Art , durch die etwas Neues oder bisher anders Bezeichnetes - ob nun aus dem eigenen Wortbestand oder mit Hilfe von Fremdwörtern - benannt wird: Hubschrauber / Helikopter - Putzfrau / Raumpflegerin - Ökonom / Bauer, Landwirt.

Neutrum

(das Neutrum, Plural: Neutra, lat.: „keines von beiden", sächliches Genus des Nomens; dazu auch: neutral)

Die Nomina (Substantive, Hauptwörter) haben - durch den Artikel jeweils erkenntlich - ein *grammatisches* Genus (Geschlecht), das jedoch nicht immer mit dem *natürlichen* Geschlecht übereinstimmt. Mit der Definition **Neutrum** („keines von beiden") wird zwar auf den Unterschied zu Femininum und Maskulinum hingewiesen, dieser Unterschied bezieht sich aber nicht notwendig auch auf das *natürliche* Geschlecht: *das* Mädchen, *das* Knäblein.

Neuwort

(siehe unter Neologismus)

Nomen

(das Nomen, Plural: Nomina/Nomen, lat.: Name - Hauptwort, Namenwort, Nennwort)

Das Nomen ist eine deklinierbare Wortart. Die Bezeichnung ist eigentlich ein Sammelbegriff. Früher fasste man unter ihm Substantiv, Adjektiv und Numerale zusammen. Heute meint man mit ihm nur das Substantiv.

Inhaltliche Bestimmung
Das Nomen kann ein Konkretum oder ein Abstraktum sein. Als **Konkretum** bezeichnet es „Gegenständliches", z.B. Lebewesen (meine Schwes-

ter, unser Hund, die Rose) oder Dinge (Flugzeug, Buch); dazu gehören auch Eigennamen (Schiller, Inge, Berlin, Asien), Gattungsnamen bzw. Sammelbezeichnungen (Säugetier, Erdteil, Gewürze) und Mengenangaben (ein Dutzend Nägel). Als **Abstraktum** bezeichnet das Nomen etwas „Gedachtes", z.B. ein Gefühl (Freude), einen Sachverhalt (Altersunterschied), einen Begriff (Armut) oder eine Idee (Gerechtigkeit). Im Einzelnen können sich diese Unterscheidungen aber sehr wohl überschneiden.

Verwendung im Satz
Bis auf das Prädikat kann das Nomen in allen Satzgliedern und Satzglied-teilen verwendet werden:

Die Sonne scheint.	Wer oder was?	Subjekt
Ich helfe *meiner Schwester.*	Wem?	Objekt
Sie goss das Beet *mit dem Schlauch.*	Womit?	Adverbiale
Inge ist *unsere Klassen-sprecherin.*	(Gleichsetzung)	Prädikativum
Das Fenster *im ersten Stock* steht offen.	Welches Fenster?	Attribut (Satzgliedteil)

Genus, Numerus und Kasus
Neben der inhaltlichen Bestimmung gibt es drei grammatische Merk-male für das Nomen:
- Jedes Nomen hat ein **Genus** (Genus des Nomens): der Wald (Masku-linum), die Stadt (Femininum), das Dorf (Neutrum). Das grammati-sche Genus muss nicht notwendig mit dem natürlichen Geschlecht übereinstimmen: das Pferd (aber: der Hengst, die Stute).
- Nomina können im Singular oder Plural (vgl. **Numerus,** Pluralbildung) stehen: der Baum, die Bäume.
- Im Satz wird das Nomen in verschiedenen **Kasus** verwendet: Das Buch hat einen festen Einband. - Der Einband des Buches ist leicht beschädigt.

Deklination des Nomens
Bei der Deklination des Nomens unterscheidet man zwischen der schwa-chen, starken und gemischten Deklination. Eine Faustregel: Nomina, die den Plural mit der Endung -n oder -en bilden, werden schwach dekli-niert; alle anderen Nomina werden entweder stark oder (sehr selten) ge-mischt dekliniert.

-schwache Deklination
Zur schwachen Deklination gehören nur maskuline und feminine No-mina. Die Endung ist - mit Ausnahme im Nominativ Singular Maskuli-num und im Singular Femininum - in allen anderen Formen -n bzw. -en.

	Singular		Plural	
	maskulin	feminin	maskulin	feminin
Nominativ	der Student	die Farbe	die Studenten	die Farben
Genitiv	des Studenten	der Farbe	der Studenten	der Farben
Dativ	dem Studenten	der Farbe	den Studenten	den Farben
Akkusativ	den Studenten	die Farbe	die Studenten	die Farben

- starke Deklination

Die maskulinen und neutralen Nomina haben im Genitiv Singular die
Endung -s oder -es und im Dativ Plural die Endung -n. Die femininen
Nomina bleiben im Singular unverändert; im Dativ Plural haben sie die
Endung -n. Nomina, die den Plural mit -s bilden, bleiben in allen Plural-
formen gleich (z. B. die Autos).

	Singular		
	maskulin	neutral	feminin
Nominativ	der Stuhl	das Kind	die Stadt
Genitiv	des Stuhles	des Kindes	der Stadt
Dativ	dem Stuhl(e)	dem Kind(e)	der Stadt
Akkusativ	den Stuhl	das Kind	die Stadt

	Plural		
	maskulin	neutral	feminin
Nominativ	die Stühle	die Kinder	die Städte
Genitiv	der Stühle	der Kinder	der Städte
Dativ	den Stühlen	den Kindern	den Städten
Akkusativ	die Stühle	die Kinder	die Städte

- gemischte Deklination

Hierzu gehören maskuline und neutrale Nomina; sie werden im Singular stark und im Plural schwach dekliniert: der Strahl / die Strahlen - das
Ohr / die Ohren.. Einige wenige Nomina werden im Singular „doppelt"
dekliniert: das Herz /des Herzens - der Buchstabe / des Buchstabens.

Nominalisierung

(Wortartwechsel zum Nomen)

Vorweg zur Begriffsklärung: In den meisten Grammatiken spricht
man nicht mehr vom Substantiv , sondern vom Nomen - und
folgerichtig dann auch nicht mehr von Substantivierung, sondern von Nominalisierung. Gemeint ist damit der Wechsel eines Wortes oder einer Wortgruppe aus einer anderen Wortart in
die Wortart Nomen.

Im Normalfall werden Nominalisierungen wie auch das Nomen großgeschrieben; Einzelheiten über abweichende Sonderregelungen sind unter
dem Stichwort Kleinschreibung zu finden. Nominalisierungen sind an
zumindest einem der folgenden Merkmale zu erkennen:
- Es geht ein Artikel, Pronomen oder Numerale voraus: **das** *Hin und Her*,
  dein *Zögern*, **viel** *Erfreuliches.*
- Es ist ein Attribut voran- oder nachgestellt: *nach **langem** Überlegen, im
  Durcheinander **des Umzugs**.*
- Die Nominalisierung ist - als Satzglied oder Attribut - in einem bestimmten Kasus (vgl. Deklination) wiedergegeben: *Man soll nicht Gleich**es** mit Gleich**em** vergelten. - Die Furcht vor Unerwartet**em** hat irgendwo ihre Grenzen.*

Im Folgenden sind die Nominalisierungen nach der ursprünglichen
Wortart aufgegliedert:

- Adjektive (einschließlich entsprechender Partizipien), auch in Verbindung
  mit einem Indefinitpronomen oder einem unbestimmten Zahlwort: *al-
  lerhand <u>Neues</u> und manch <u>Unerwartetes</u> - Sie waren im <u>Großen</u> und
  <u>Ganzen</u> mit dem Ergebnis zufrieden. - Wir werden Sie noch des <u>Nähe-
  ren</u> darüber informieren. Das ist ein Fest für die <u>Jungen</u> und die <u>Alten</u> /
  für <u>Junge</u> und <u>Alte</u> / für <u>Jung</u> und <u>Alt</u>.*

- Numeralia, besonders Kardinalzahlen, Ordinalzahlen und unbestimmte
  Zahlwörter: *Die <u>Dreizehn</u> ist meine Glückszahl. - Er kam als <u>Vierter</u> ins
  Ziel. - Es waren <u>Unzählige</u>, die sich zum Jubiläum angemeldet hatten.*

- Verben (einschließlich erweiterter Infinitive und Infinitivsätze): *das <u>La-
  chen</u>, das <u>Radfahren</u>, das <u>Auf-die-lange-Bank-Schieben</u>.*

  > **Merke**: Kürzere, in konjugierter Form getrennt geschriebene Verb-
  > gefüge werden bei der Nominalisierung zusammengeschrieben
  > (*überhand nehmen - das Überhandnehmen*). Umfangreichere
  > Infinitivgruppen werden mit Bindestrichen untergliedert; dabei wer-
  > den das Anfangswort und der eigentliche Infinitiv großgeschrieben
  > (*das In-den-Tag-hinein-Leben*).

- Pronomina: *Er bot ihr das <u>Du</u> an. - Zwischen <u>Mein</u> und <u>Dein</u> sollte man
  eigentlich unterscheiden können. - Sie standen vor dem <u>Nichts</u>.*

- Adverbien, Präpositionen, Konjunktionen und Interjektionen: *das <u>Ge-
  stern</u>, dein ständiges <u>Für</u> und <u>Wider</u>, ohne <u>Wenn</u> und <u>Aber</u>, das <u>Entwe-
  der-oder</u>, mit <u>Ach</u> und <u>Krach</u>.*

  > **Merke:** Bei der Nominalisierung von mehrteiligen Konjunktionen, die mit
  > Bindestrichen verbunden sind, wird nur das erste Wort großgeschrie-
  > ben: *Mit deinem ständigen <u>Sowohl-als-auch</u> kann ich nichts anfangen.*

Nominativ

(der Nominativ, nach dem lat. Verb „nominare", benennen - „Nenn-Fall",
Wer/Was-Fall, 1. Fall)

> Der Nominativ ist der erste der vier Kasus (vgl. Deklination); er
> wird durch „Wer oder was ?" erfragt. Er bildet die *Grundform*, in
> der ein Nomen , seine Stellvertreter oder Begleiter im Lexikon zu
> finden sind.

Im Satz wird das Subjekt (vgl. auch Satzglied) durch den Nominativ gekennzeichnet: *Dieses Heft* gehört mir. - *Die Sterne* schienen hell am
Himmel. - Wann fährt *der Zug* ab ? - Heute beginnen *die Ferien*.

Bei Gleichsetzungen zwischen dem Subjekt und dem Prädikativum - vor
allem bei den Verben *sein, werden, bleiben, heißen* und *scheinen* - stehen die deklinierbaren Wortarten im Nominativ: Meine Schwester ist *eine
ausgezeichnete Schwimmerin*. - Franz wird *Bürokaufmann.* - Inge bleibt
unsere Klassensprecherin.

Numerale

(das Numerale, Plural: Numeralia/Numeralien, lat.: Zahlwort)

> Unter dem Begriff „Numerale" werden diejenigen Wörter
> zusammengefasst, die eine bestimmte oder unbestimmte Zahl
> oder Menge angeben. Aber nicht in allen Grammatiken wird
> das Numerale als eine eigene , teilweise deklinierbare Wortart
> aufgeführt; denn als Wortart ist das Numerale nicht eindeutig
> festgelegt. Als Begleiter des Nomens wird es auch Zahladjektiv
> (vgl. Adjektiv) genannt: *zwei* Lösungen, *viele* Fragen. Als Stell-
> vertreter eines Nomens wird es manchmal zu den Pronomina
> (vgl. Indefinitpronomen) gerechnet oder mit der Bezeichnung
> „Numeralpronomen" umschrieben: *Dreißig (Läufer) gingen an
> den Start, einige zum ersten Mal.* Zahlwörter können auch
> Nomina sein, die eine bestimmte Menge oder Größe ange-
> ben; man spricht dann von einem Numeralnomen oder Zahl-
> substantiv: *Im **Dutzend** billiger. - Der Gewinn betrug über eine
> **Million**.*

Zu den Numeralia gehören:

- die Kardinalzahlen (Grundzahlen)	eins, zwei, dreißig, eine Million
- die Ordinalzahlen (Ordnungszahlen)	der Dritte, die fünfte Auflage
- die Bruchzahlen	ein viertel Kilo, drei Fünftel
- die Vervielfältigungszahlwörter	vierfach, das Tausendfache
- die Wiederholungszahlwörter	dreimal, etliche Male
- die unbestimmten Zahlwörter	einige, mehrere, manche
- die Gattungszahlwörter	zweierlei, mancherlei

Numerus

(der Numerus, lat.: Zahl, gemeint: Einzahl und Mehrzahl)

> Die Bezeichnung Numerus ist der Oberbegriff für Singular und Plural; er wird sowohl bei der Deklination als auch bei der Konjugation verwendet.

Beim **Numerus der Deklination** wird zunächst zwischen Singular und Plural (vgl. auch Pluralbildung) unterschieden:

Singular	*Plural*
der Baum	die Bäume
die Stadt	die Städte
das Lied	die Lieder

Im Satz taucht aber ein dekliniertes Nomen jeweils in einem bestimmten Kasus auf; deshalb ist diese zusätzliche Information sehr wichtig:

Auf dem Dach (*Singular/Dativ*) sitzt eine Taube (*Singular/Nominativ*). Die Kinder (*Plural/Nominativ*) pflücken Blumen (*Plural/Akkusativ*).

Beim **Numerus der Konjugation** gehört zur Unterscheidung zwischen Singular und Plural zumindest auch die Information, in welcher Person das Verb steht:

Singular   *Plural*

ich singe	1. Person	wir singen	1. Person
du singst	2. Person	ihr singt	2. Person
(er,sie,es)	3. Person	(sie)	3. Person
Der Vogel singt.		Die Vögel singen.	

Im Satz müssen zwischen Subjekt und Prädikat der Numerus der Deklination und der Numerus der Konjugation übereinstimmen (vgl. Kongruenz):

| Die Sonne scheint. | Singular/ 3. Person | Die Bäume blühen. | Plural/ 3. Person |

Oberbegriff

> Der Oberbegriff nennt das gemeinsame Merkmal einer Gruppe von Wörtern. Der Inhalt des Oberbegriffs ist umfassender als der Inhalt der Wörter, die unter ihm zusammengefasst werden.

Oberbegriff   Erdteile

Unterbegriff   Afrika - Europa - Asien - Amerika - Australien

Objekt

(das Objekt, Plural: Objekte, nach dem lat. Verb „obicere", entgegenstellen - „obiectum", das Entgegengestellte - Ergänzung)

> Nicht jeder Satz ist bereits vollständig, wenn er aus einem Subjekt und einem Prädikat besteht. Die meisten Verben fordern für die Vollständigkeit eines Satzes weitere Satzglieder. Das Verb bestimmt jeweils, in welcher Abhängigkeit diese Satzglieder zum Prädikat stehen (vgl. Valenz). Die Abhängigkeit wird durch einen Kasus oder eine Präposition ausgedrückt. Diese vom Verb bzw. Prädikat geforderten Satzglieder heißen Objekte; sie sind notwendige Ergänzungen.

Ich bedarf *deiner Hilfe*.   Genitivobjekt

Kann ich *jemandem* helfen?   Dativobjekt

Wir haben *euch* gesehen.   Akkusativobjekt

Ich warte *auf deinen Anruf*.   Präpositionalobjekt

Die Zahl der Objekte hängt vom Verb im Prädikat ab:

Ich kenne *dieses Buch* nicht. - Wir werden *an euch* denken. - Sie schenkte *ihm einen Ring*. - Unser Service: Wir bringen *Ihr Gepäck zum Bahnhof*. -

Objekte können - je nach Bedeutung und Betonung - innerhalb eines Satzes verschoben werden:

Diese Ferien werde ich nie vergessen. - Ich werde *diese Ferien* nie vergessen.
Ich rate *dir von diesem Kauf* ab. - *Von diesem Kauf* rate ich *dir* ab. - *Dir* rate ich *von diesem Kauf* ab.

Statt eines Objekts kann auch ein Objektsatz (vgl. Nebensatz, Gliedsatz) stehen, der die nominale (vgl. Nomen) Ergänzung formal und inhaltlich (vgl. Satzgefüge) erweitert:

Ich habe *den genauen Termin* vergessen. - Ich habe vergessen, *wann und wo wir uns dieses Jahr auf der Frankfurter Buchmesse treffen wollen.*

Objektsatz
(vgl. Objekt - Ergänzungssatz)

> Objektsätze sind Gliedsätze, die an die Stelle eines Objekts (vgl. auch Satzglied) treten. Da sie eine eigene Satzstruktur haben, können sie den Inhalt des Objekts erweitern oder präzisieren.

Objekt   *Objektsatz*

Er erinnerte sich genau   *..., dass plötzlich jemand an die Tür klopfte.*
des Vorfalls.

Erzähl es doch *jedem*!   ..., *jedem, der mehr darüber wissen will*!
Weißt du *eine bessere*   ..., *wie man diesen Streit doch noch*
Lösung?   *einvernehmlich schlichten könnte?*
Wir warten *auf deinen Anruf.*   ... *darauf, dass du uns bald anrufst.*

Statt eines Objektsatzes kann auch ein satzwertiger Infinitiv (vgl. Infinitvsatz) stehen:

Ich verspreche dir *einen ausführlichen Reisebericht.*
Ich verspreche dir, *dass ich dir jeweils ausführlich über die einzelnen Etappen meiner Reise berichten werde.*
Ich verspreche dir, *dich zumindest mit einem Kartengruß jeweils über die wichtigsten Stationen meiner Reise zu informieren.*

Ordinalzahl

(lat.: Ordnungszahl)

> Ordinalzahlen (vgl. Numerale) gliedern eine Reihenfolge; sie werden wie Adjektive dekliniert: *Wir treffen uns am vierten Mai. - Es war sein zweiter Versuch.*

Bei Nominalisierung werden sie großgeschrieben: *Jeder Fünfte ging leider nicht zur Wahl. - Er kam vom Hundertsten ins Tausendste.* Sie werden aus den Kardinalzahlen durch Anfügen von *-(s)te* gebildet; Sonderformen sind *der Erste* und *der Dritte*. Mehrteilige Ordinalzahlen werden zusammengeschrieben: *Sie erwarteten den fünfhunderttausendsten Besucher.* Bei der Wiedergabe in Ziffern steht ein Punkt: *Als Termin war der 6. Dezember vereinbart.*

Paralleldeklination

(griech.-lat.: gleiche Beugung nebengeordneter Adjektive)

> Wenn mehrere Adjektive als Attribute vor einem Nomen stehen, dann werden sie auf die gleiche Weise (parallel) dekliniert.

Es macht dabei keinen Unterschied, ob sie gleichrangig sind und mit einer nebenordnenden Konjunktion verbunden werden können oder ob das letzte Adjektiv mit dem Nomen begrifflich enger verbunden ist. Die Endungen richten sich jeweils nach der Art der Deklination (starke, schwache, gemischte Deklination):

ein schöner (und), gemütlicher Abend - ein preiswertes, aber altes Haus - die bekanntesten grimmschen Märchen - einige wichtige Erfahrungen

Beachte:
Adjekive, die unbestimmte Mengenangaben wiedergeben, werden teilweise auch unter den Wortarten *unbestimmtes Zahlwort* (vgl. Numerale) oder *Indefinitvpronomen* (vgl. Pronomen) geführt. Dies hängt mit der Diskussion zusammen, ob die Zahlwörter überhaupt eine eigene Wortart sind oder ob sie nicht jeweils als Adjektiv oder Indefinitpronomen zu sehen sind. Diese Unsicherheit zeigt sich auch bei der Beschreibung der Paralleldeklination. Zahlwörter als unbestimmte Zahladjektive und weitere Adjektive werden parallel dekliniert: *Er konnte **einige neue** Ergebnisse vorlegen.* Wenn das Zahlwort als Indefinitpronomen verstanden wird , dann wird das nachfolgende Adjektiv wie nach einem Artikel dekliniert: *Ich habe nicht **alle neuen** Bestimmungen im Kopf.* Doch diese Unterscheidungen lassen sich nur beschreiben, kaum im Einzelnen erklären oder begründen.

Adjektive werden auch dann parallel dekliniert , wenn sie jeweils die Funktion eines Nomens (vgl. Nominalisierung) übernehmen: *Die **Kleinen** und die **Großen** hatten ihren Spaß. - Der Fortschritt kann nur eine sinnvolle Verbindung zwischen **Überliefertem** und **Neuem** sein.*

Paraphrase

(die Paraphrase, griech.: Umschreibung)

> Ähnlich wie beim Synonym wird in der Paraphrase ein und derselbe Sachverhalt oder Gegenstand mit anderen Worten oder in einer anderen Satzstruktur umschrieben. Umgangssprachlich meint man mit Paraphrase die sinngemäße oder freie („mit eigenen Worten") Wiedergabe eines Textes, den man gelesen hat, z.B. in einer Inhaltsangabe oder Nacherzählung.

Bei der Paraphrase als grammatischem Begriff unterscheidet man zwischen syntaktischer (vgl. Syntax), lexikalischer (begrifflicher) und pragmatischer (situationsbedingter) Umschreibung:

	syntaktische Paraphrase
Ich kann nicht bis morgen warten.	- Inversion
- Bis morgen kann ich nicht warten.	
Franz hat mich darüber informiert.	- Wechsel von Aktiv zu
- Ich wurde von Franz darüber	Passiv
informiert.	
Das Spiel fällt wegen schlechter	- Wechsel von Adverbiale
Platzverhältnisse aus. - Das Spiel	zu Adverbialsatz
fällt aus, weil es die ganze Nacht	
geregnet hat und der Boden aufge-	
weicht ist.	
	lexikalische Paraphrase
Lehrling - Azubi	
Unternehmer - Arbeitgeber	
	pragmatische Paraphrase
Schließe doch bitte das Fenster!	- (Der Wunsch, jemand möge
- Es zieht. - Steht hier irgendwo ein	das Fenster schließen, wird
Fenster offen ? - Bei dem Luftzug	umschrieben.)
kann man sich noch einen	
Schnupfen holen.	

Parataxe

(die Parataxe, griech.: Nebenordnung)

Unter Parataxe (vgl. auch Koordination) versteht man die Nebenordnung gleich geordneter Hauptsätze: *Inge las im Buch, Hans
schrieb einen Brief und das Kind schlief.*

Parenthese

(die Parenthese, griech.: Einschub - Schaltsatz)

Die Parenthese ist ein Satz im Satz: Während man einen Ge-
danken ausformuliert, fällt einem plötzlich noch eine weitere
wichtige Information ein oder man möchte zusätzlich einen
Kommentar zum Gesagten geben. Die Parenthese ist deshalb
ein „Einschub" eines selbstständigen Satzes in einen anderen
selbstständigen Satz, ohne dass beide Sätze syntaktisch (vgl.
Syntax) miteinander verbunden sind. Der eingeschobene Satz
erläutert zusätzlich einen Sachverhalt oder ergänzt ihn.

Da die Parenthese ein eingeschobener Satz ist, wird sie am Anfang kleingeschrieben. Auch fehlt der Punkt am Ende der Parenthese; aber Ausrufezeichen und Fragezeichen werden gesetzt. Die Parenthese kann zwischen zwei Kommas, zwei Bindestrichen oder in Klammern stehen:

Er kam, *ich hatte ihn gar nicht mehr erwartet*, doch noch zur Sitzung.
- Er kam - *wer hätte das gedacht?* - schließlich doch noch zur Sitzung.
- Dieses Mal kam er (*das sollte man nicht übersehen!*) trotz vieler
anderer Verpflichtungen pünktlich zur kurzfristig anberaumten Son-
dersitzung.

Dieser ergänzende Einschub, der sich inhaltlich auf eine Aussage des
übergeordneten Satzes bezieht, kann auch die Gestalt eines Kurzsatzes
haben:

Die Delegierten entschieden sich - *ein Dank an alle!* - einstimmig für
die Erweiterung des Naturschutzgebietes. - Die Kosten einer endgül-
tigen Entsorgung des Giftmülls (*und warum überhaupt Giftmüll ?*)
werden von den Fachleuten sehr unterschiedlich eingeschätzt. - Die
Abholzung der Regenwälder, *ein gefährlicher Raubbau an der Um-
welt*, wird sich auch auf das Klima und den Wasserhaushalt „nicht
unmittelbar betroffener Regionen" auswirken.

Partikel

(die Partikel, Plural: Partikeln, lat.: Teilchen - unveränderbares Wort)

Der Begriff wird doppelt verwendet. Erstens werden unter ihm
die nicht flektierbaren Wortarten zusammengefasst: Adverb, Konjunktion, Präposition. Zweitens werden neuerdings mit ihm auch
unveränderbare Wörter bezeichnet, die vor allem in der gesprochenen Sprache - vergleichbar mit der Interjektion - eine Aussage „abtönen" (Modalpartikeln) oder „einstufen" (Gradpartikeln).

Er wird *wohl* noch kommen.   Modalpartikel

Darüber kann ich *nur* lachen!   Gradpartikel

Partizip

(das Partizip, Plural: Partizipien, lat.: das Teilhabende - Mittelwort)

> Das Partizip gehört - wie auch der Infinitiv - zu den infiniten Verbformen, denen die Merkmale der Konjugation fehlen. Das Partizip wird mit dem Begriff „Mittelwort" treffend charakterisiert; denn es kann, obwohl es nach der Wortart zum Verb gehört, auch die Aufgaben eines Adjektivs oder Nomens übernehmen. Man unterscheidet zwischen dem Partizip I (*lobend*) und dem Partizip II (*gelobt*).

Partizip I

(Mittelwort der Gegenwart)

> Das Partizip I gibt eine Tätigkeit, einen Vorgang oder einen Zustand wieder, ohne sie zeitlich zu begrenzen; es wird aus der ersten Stammform des Verbs mit der Endung -(e)nd gebildet: *singend, fließend, hüstelnd.* Es kann als Adjektiv und als Nomen gebraucht werden; dabei wird es wie ein Adjektiv dekliniert: *ein denkender Mensch, die Liebenden*. Steigerungsfähig ist es nur dann, wenn es sich vom Herkunftsverb gelöst hat und als Adjektiv eine eigene Bedeutung besitzt: *Selten habe ich ein aufregenderes Buch gelesen.*

Zur Verwendung im Satz:

Die fallenden Blätter künden den Herbst an.	Attribut
Wir brachten es ihm schonend bei.	Adverbiale
Dein Verhalten ist empörend.	Prädikativum
Alles genau bedenkend (,) sollten wir unsere Entscheidung treffen.	Partizipialsatz

Partizip II
(Mittelwort der Vergangenheit)

> Das Partizip II gibt die Aussage eines Verbs als abgeschlossenes Geschehen oder Ergebnis wieder, ohne dass die Zeitstufe (vgl. auch Tempus) genau festgelegt ist; es ist die dritte Stammform des Verbs: *gesagt, gefunden.*

Bei den schwachen Verben wird das Partizip II aus dem Wortstamm mit der Endung -(e)t gebildet, bei den starken Verben meistens mit Ablaut und der Endung -en : *verkauft, beschlossen*. Einfache Verben haben im Partizip II die Vorsilbe (Präfix) ge- (*gekauft, geschlossen*). Bei trennbaren Verben steht die Silbe - ge- zwischen beiden Wortteilen: *eingekauft, eingeschlossen*. Sie fehlt bei den untrennbaren Verben und bei Verben, die im Infinitiv auf -ieren enden: *überlegt, unterschieden, nummeriert, einstudiert.*

Das Partizip II der transitiven Verben kann als Adjektiv und als Nomen verwendet werden; dabei wird es wie ein Adjektiv dekliniert: *eine widerlegte Behauptung - im Zweifel für den Angeklagten.* Dies gilt auch für diejenigen intransitiven Verben, die das Perfekt/Aktiv mit dem Hilfsverb „sein" bilden und die Veränderung eines Zustandes angeben: *die verwelkten Blumen*.

Die Komparation ist nur dann möglich, wenn das Partizip II sich von seinem Herkunftsverb gelöst hat und als Adjektiv eine eigene Bedeutung besitzt: *Sie zählt zu unseren erfahrensten Mitarbeiterinnen.*

Einige Beispiele zur Verwendung im Satz:

Das bestellte Ersatzteil ist eingetroffen.   Attribut

Sie kamen ausgeruht an.   Adverbiale

Aufgeschoben heißt nicht aufgehoben.   Subjekt

Genau betrachtet (,) ist der Vorschlag gut.   Partizipialsatz

Das Partizip II als Bestandteil der Konjugation:
In Verbindung mit finiten Verbformen bildet das Partizip II erstens die zusammengesetzten Tempora des Perfekts, des Plusquamperfekts und des Futurs II im Aktiv und zweitens alle Formen des Passivs: *er hat/hatte gesagt, sie ist/war gekommen, sie wird gesagt haben, sie wird gekommen sein - wir werden/wurden gelobt, wir sind/waren gelobt worden, wird*

werden gelobt werden, wir werden gelobt worden sein. Dies gilt sowohl für den Indikativ als auch für den Konjunktiv (vgl. Modus): *er habe gesagt, er wäre gekommen* usw. - *wir würden gelobt, wir seien gelobt worden* usw.

Partizipialsatz

(auch: satzwertiges oder erweitertes Partizip)

> In einem Satzgefüge kann der Nebensatz manchmal zu einem Partizipialsatz - mit oder ohne Konjunktion - verkürzt werden. Dieses satzwertige Partizip ist endungslos. Das gedachte Subjekt ist meistens das Subjekt des Hauptsatzes.

Die Umgehungsstraße, *schon seit Jahren geplant*, wird endlich gebaut.	- Partizipialsatz für einen Attributsatz
Die Bergsteiger setzten, *(obwohl) vor der Lawinengefahr gewarnt*, trotzdem ihren Aufstieg fort.	- Partizipialsatz für einen Gliedsatz

Zu den Partizipialsätzen sind auch verkürzte Nebensätze zu zählen, bei denen man die Partizipialform eines Hilfsverbs ergänzen kann: *Obwohl in Eile*, sprach er mit mir alles genau durch.

Zur Zeichensetzung:
Satzwertige Partizipien werden nur dann durch ein einzelnes oder paariges Komma vom Hauptsatz getrennt,

- wenn sie durch ein hinweisendes Wort angekündigt sind,	Wir haben fleißig gelernt. *So, bestens vorbereitet,* gingen wir in die Prüfung.
- wenn ein nachträglicher Hinweis folgt,	*Vor Freude strahlend, so* lief er auf uns zu.
- wenn sie als ergänzender Nachtrag zu verstehen sind.	Meine Schwester, *seit Jahren in Berlin verheiratet*, besucht mich oft in München.

Ein einzelnes oder paariges Komma kann gesetzt werden,

- wenn das satzwertige Partizip als zusätzliche Information gekennzeichnet werden soll,	Er ging (,) *als Robin Hood verkleidet* (,) auf den Ball.
- wenn die Gliederung des Satzes im Einzelnen verdeutlicht werden soll.	*Alles wohl bedenkend* (,) nannte er seine Forderungen.

Passiv

(das Passiv, lat.: erleidend - „Leideform")

> Beim Passiv (vgl. Genus des Verbs) wird das Geschehen nicht aus der Sicht des „Handelnden" (vgl. Aktiv) , sondern aus der Sicht des „Betroffenen" mitgeteilt; oft bleibt der „Verursacher" des Geschehens oder der Handlung unerwähnt.

Aktiv	Passiv
Die Stadt bittet die Anwohner zur Kasse.	Die Anwohner werden (von der Stadt) zur Kasse gebeten.

Bei transitiven Verben wird - im Wechsel vom Aktiv zum Passiv - das Akkusativobjekt zum Subjekt: Ich schließe *das Fenster*. - *Das Fenster* wird (von mir) geschlossen.

Bei intransitiven Verben ist diese Umwandlung nicht möglich: Er half seiner Firma. - Seiner Firma wurde geholfen.

Es gibt zwei Formen des Passivs:

Aktiv

Ich schließe das Fenster.
Ich habe das Fenster geschlossen.

Vorgangspassiv	Zustandspassiv
Das Fenster wird von mir geschlossen.	Jetzt ist das Fenster geschlossen.
Das Fenster ist von mir geschlossen worden.	Das Fenster ist geschlossen gewesen.

Perfekt

(das Perfekt, lat.: das Vollendete - vollendete Gegenwart, 2. Vergangenheit)

> Das Perfekt ist ein grammatisches Tempus. In der Alltagssprache
> übernimmt es heute vor allem Aufgaben des Präteritums: *Wir
> haben uns damals in der Berufsschule kennen gelernt.* Im eigent-
> lichen Sinn ist das Perfekt aber auf die Gegenwart (Zeitgefüge)
> bezogen; es berichtet von einem abgeschlossenen Geschehen
> oder Ereignis, dessen Folgen in der Gegenwart nachwirken, und
> deshalb spricht man auch von der „vollendeten Gegenwart": *Er
> hat die Infektion glücklicherweise gut überstanden und jetzt ist er
> wieder gesund. - Der Fall ist eingehend untersucht worden; jetzt
> ist er geklärt.* In einem Satzgefüge gibt das Perfekt die Vorzeitig-
> keit zur Gegenwart wieder: *Nachdem ich mit ihm gesprochen
> habe, weiß ich jetzt, worum es geht.*

Das Perfekt wird im Aktiv mit den Hilfsverben „haben" oder „sein" (Einzelheiten darüber unter Konjugation) und dem Partizip II gebildet: *ich habe
gelesen, sie sind angekommen.* Im Passiv wird es mit den Perfektformen
von „werden" (ohne die Vorsilbe ge- : *worden*) und dem Partizip II des
Vollverbs gebildet: *Der Antrag ist ausführlich besprochen worden; deshalb sollte man jetzt endlich darüber abstimmen.*

Person

(lat.: eigentlich „Maske" des Schauspielers)

> Unter dem Begriff „Person" versteht man bei der Konjugation des
> Verbs die Sprechrichtung oder den Sprechansatz. Es gibt drei
> Personen, die im Singular oder im Plural (vgl. Numerus) stehen
> können:

ich singe, wir singen
ich habe/wir haben ge-
sungen

1. Person: Die Sprechrichtung setzt beim
Sprechenden (ich/wir) an.

du kamst, ihr kamt
du wolltest/ihr wolltet
kommen

2. Person: Die Sprechrichtung setzt beim
Angesprochenen (du/ihr) an.

er, sie, es liest - sie lesen	**3. Person**: Die Sprechrichtung setzt beim
Inge schläft. - Die Kinder	Besprochenen (er/sie/es - sie)
schlafen.	an.

In der 3. Person kann die Stelle des Personalpronomens z.B. auch von einem Nomen, einer Nominalisierung oder einem anderen Pronomen eingenommen werden: *Der Frühling kommt. - Die Verletzten wurden sofort versorgt. - Niemand hat dies behauptet.*

Personalform

Die konjugierten (Formen des Verbs heißen auch Personalformen, weil sie Angaben zur Person (ich, du, er/sie/es,wir,ihr, sie) machen.

Bei einer einteiligen Konjugationsform ist die Personalform mit der konjugierten Verbform identisch: *ich gehe, du gehst ...* Bei einer mehrteiligen Konjugationsform ist zwischen der finiten Verbform - sie gibt u.a. die Person wieder - und der infiniten Verbform zu unterscheiden: *Die Straße* **wurde** (finite Verbform) *gesperrt* (infinite Verbform). Diese Unterscheidungen gelten auf der Satzebene (Satz) auch für das Prädikat (finiter, infiniter Prädikatsteil).

Personalpronomen

(das Personalpronomen - zur Pluralbildung vgl. Pronomen -, lat.: persönliches Fürwort)

Das Personalpronomen ist nach drei Sprechrichtungen oder Sprechansätzen im Singular und Plural untergliedert.

Ich komme. - Wir kommen.	- Der Sprecher meint sich selbst.
Du spielst gut. - Ihr habt Recht.	- Jemand wird angesprochen.
Er/sie/es schweigt. - Sie haben. keine Zeit	- Über jemanden oder etwas wird gesprochen.

Das Personalpronomen ist ein notwendiger Bestandteil der Konjugation: *ich spiele, du schreibst, sie telefoniert* usw. Im Satz wird es je nach dem geforderten Kasus dekliniert: *Sie kümmerten sich rührend um mich/uns/ sie ... - Ich half dir/ihnen ...*

Übersicht zur Deklination:

(Singular und Plural)	Nominativ	Genitiv	Dativ	Akkusativ
1. Person	ich/wir	meiner/unser	mir/uns	mich/uns
2. Person	du/ihr	deiner/euer	dir/euch	dich/euch
3. Person	er/sie	seiner/ihrer	ihm/ihnen	ihn/sie
	sie/sie	ihrer/ihrer	ihr/ihnen	sie/sie
	es/sie	seiner/ihrer	ihm/ihnen	es/sie

Merke:
Die Pluralformen der 3. Person sind in allen drei Genera gleich. - Die Höflichkeitsform „Sie" entspricht den Pluralformen der 3. Person; sie wird immer großgeschrieben.

Phonem

(das Phoném; Neubildung nach griech.: „phoné", Laut, Stimme)

> Das Phonem ist die kleinste Lauteinheit (vgl. Laut), durch die ein Bedeutungsunterschied zwischen zwei Wörtern entsteht. Ein Laut ist dann auch ein Phonem, wenn durch seinen Austausch an der gleichen Stelle mit einem anderen Laut sich die Bedeutung des Wortes ändert. Phoneme sind jeweils nur durch Opposition (Gegenüberstellung) zu andren Phonemen zu bestimmen. Die unterschiedliche Aussprache eines Lautes ist dann noch kein Phonem, wenn sich dadurch nicht auch die Bedeutung eines Wortes ändert.

kann	-	Kahn	kurzer oder langer Laut an der gleichen Stelle
Bett	-	Beet	(vgl. Vokal)
ritt	-	riet	
muss	-	Mus	
Berg	-	Burg	verschiedener Laut an der gleichen Stelle
sagen	-	Segen	
Hand	-	Wand	
Lauf	-	Laus	

Phonetik

(die Phonetik, griech.: Lautlehre)

> Die Phonetik ist ein Teilbereich der Sprachwissenschaft. Sie beschäftigt sich mit der Frage, wie Sprachlaute (vgl. Laut) und bedeutungstragende Lautgruppen (vgl. Wort) von einem Sprecher gebildet (artikuliert) und von einem Hörer aufgenommen („entschlüsselt") werden.

Plural

(der Plural, lat.: Mehrzahl)

> Der Plural (vgl. Numerus) gibt bei der Konjugation (vgl. Verb) und Deklination (vgl. Nomen, Pronomen) die Mehrzahl an.

Beim **Plural der Konjugation** werden 1., 2. und 3. Person unterschieden: Wir arbeiten. - Ihr spielt. - Die Kinder (sie) schlafen.

Beim **Plural der Deklination** (vgl. auch Pluralbildung) lässt sich aus dem Nominativ (vgl. auch Kasus) erkennen, ob die Pluralformen nach der starken oder nach der schwachen Deklination gebeugt werden: die Berge, die Städte, die Dörfer (stark) - die Buchstaben, die Quellen, die Ohren (schwach).

Pluralbildung

> Für die Pluralbildung des Nomens gibt es in der deutschen Sprache kein einheitliches Zeichen oder Merkmal; der Plural des Nomens wird unterschiedlich gebildet.

Singular	Plural	Pluralbildung
der Riese	die Riesen	mit Endung -n
die Mauer	die Mauern	
der Mensch	die Menschen	mit Endung -en
die Bahn	die Bahnen	

der Park	die Parks	mit Endung -s
das Kino	die Kinos	
der Meister	die Meister	ohne Veränderung
das Segel	die Segel	
der Graben	die Gräben	mit Umlaut
die Mutter	die Mütter	
das Kloster	die Klöster	
der Verein	die Vereine	mit Endung - e
das Boot	die Boote	
der Hof	die Höfe	mit Endung -e und Umlaut
die Stadt	die Städte	
der Geist	die Geister	mit Endung -er
das Kind	die Kinder	
der Mann	die Männer	mit Endung -er und Umlaut
das Rad	die Räder	

Dazu kommt, dass einzelne Fremdwörter den Plural auch oder nur nach der Herkunftssprache bilden:

- Am häufigsten ist die Endung -s , da sie in vielen modernen Sprachen das Erkennungszeichen für den Plural ist: *der Song - die Songs; das Baby - die Babys*. Dieses Pluralzeichen wird auch häufig für Neuwörter (vgl. Neologismus) oder Kunstwörter verwendet: *das Auto - die Autos; der Trafo - die Trafos*.

- Bei Fremdwörtern aus dem Altgriechischen oder Lateinischen gibt es manchmal zwei Formen der Pluralbildung: Die eine richtet sich nach der Herkunftssprache, die andere bildet einen Kompromiss mit der „aufnehmenden" Sprache:

(griech.)	das Komma	die Kommata/Kommas
(lat.)	das Nomen	die Nomina/Nomen
Aber:		
(griech.)	der Atlas	die Atlanten
(lat.)	das Ministerium	die Ministerien

Doch für diese sprachgeschichtlichen Entwicklungen oder Besonderheiten gibt es keine verbindlichen Regeln; die Wahl der entsprechenden Pluralform hängt jeweils davon ab, ob der Sprecher bzw. Schreiber die „Herkunft" oder die „übliche" Schreibweise betont; dies zeigt sich auch in der vielfach unterschiedlichen Schreibweise der Begriffe in den

Grammatiken und Sprachbüchern. Für die Deklination der Nomina ist jedoch allein entscheidend , welchen Mustern der Deklination ihre Plural-bildung entspricht: *der Bus - die Busse* (starke Deklination); *die Firma - die Firmen* (schwache Deklination).

Nicht alle Nomina können einen Plural bilden. Um den Plural wiederzu-geben, verbinden sie sich mit einem weiteren Wort (vgl. Zusammenset-zung): *der Schnee - die Schneemassen; der Regen - die Regenfälle.*

Ebenso gibt es Nomina, die nur im Plural verwendet werden: *Eltern, Ferien , Lebensmittel, Personalien, Unkosten.*

Und schließlich ist auch noch darauf zu achten, dass einzelne Nomina teilweise inhaltlich verschiedene Pluralformen bilden: *(die Bank) die Bänke, die Banken.*

Plusquamperfekt

(das Plusquamperfekt, lat.: „mehr als vollendet" - Vollendete Vergan-genheit, Vorvergangenheit, 3. Vergangenheit)

Das Plusquamperfekt als grammatisches Tempus gibt eine Aus-sage über einen Vorgang wieder, der bereits in der Vergangen-heit abgeschlossen war: *Ich hatte ihn gewarnt; aber er hörte nicht auf mich.* In einem Satzgefüge beschreibt es die Vorzeitig-keit (vgl. Zeitgefüge) zum Präteritum: *Nachdem er dies erfahren hatte,* änderte er sehr schnell seine Meinung.

Positiv

(der Positiv, lat.: das zugrunde Gelegte - Grundstufe bei der Steigerung)

Bei den meisten Adjektiven und Adverbien, die Vergleichsstufen bilden können (vgl. Komparation), werden der Komparativ und der Superlativ nach der Grundform des Wortes, d.h. nach dem Positiv gebildet: **groß** - größer - am größten, **oft** - öfter - öftest.

Bei einigen Adjektiven und besonders bei Adverbien werden Vergleichs-stufen auch durch Wortwechsel gebildet: **gut** - besser - am besten, **viel** - mehr - am meisten, **bald** - eher - am ehesten.

Possessivpronomen

(das Possessivpronomen - zur Pluralbildung vgl. Pronomen - , lat.: besitz-
anzeigendes Fürwort)

> Das Possessivpronomen gibt die Besitzverhältnisse an oder ord-
> net das eine dem andern zu: *Der Reisende hatte seine Papiere
> verloren.* (Besitzangabe) - *Du versäumst noch deinen Zug.* (Zu-
> ordnung)

Es gibt so viele Possessivpronomina wie Personalpronomina:

(ich/wir)	Nominativ	*mein/unser* Buch	*meine/unsere* Bücher
(du/ihr)	Genitiv	*deines/eures* Buches	*deiner/eurer* Bücher
(er/sie/es)	Dativ	*seinem/ihrem/*	*seinen/ihren/*
		seinem Buche	*seinen* Büchern
(sie - Plural)	Akkusativ	*ihr* Buch	*ihre* Bücher

In Verbindung mit einem Nomen im Singular werden die Possessivpronomina wie der unbestimmte Artikel dekliniert, in Verbindung mit einem
Nomen im Plural wie das Demonstrativpronomen: mit *einer/meiner* Karte, für *diese/ihre* Karten.

Postposition

(die Postposition, Plural: Postpositionen, lat.: „nachgestelltes" Verhältnis-
wort)

> Die meisten Präpositionen stehen - wie schon der Name sagt -
> vor dem Wort, dessen Kasus sie bestimmen: *vor* dem Haus. Eini-
> ge Verhältniswörter können voran- oder nachgestellt werden;
> nachgestellte Präpositionen heißen auch Postpositionen: *gegen-
> über* dem Rathaus - dem Rathaus *gegenüber.* Wenige Verhältnis-
> wörter werden immer nachgestellt: der Vollständigkeit *halber.*

Potentialis

(der Potentialis, lat.: Möglichkeitsform)

Man spricht von einem Potentialis, wenn eine Vermutung oder eine Bedingung - im Unterschied zum Irrealis - zumindest für möglich oder denkbar gehalten wird. Der verwendete Modus ist der Konjunktiv II: *Die Aufgabe müsste eigentlich zu lösen sein. - Mit deiner Hilfe wäre dies zu schaffen. - Solltest du kommen, dann könnten wir es ja versuchen.*

Prädikat

(das Prädikat, lat.: Aussage - Satzaussage)

Jeder grammatisch vollständige Satz hat ein Prädikat. Es ist das wichtigste Satzglied; denn von ihm hängt der Aufbau des Satzes ab. Im Unterschied zu anderen Satzgliedern kann es in einem Satz nicht frei verschoben werden (Verschiebeprobe). In einem Aussagesatz z.B. steht das einteilige Prädikat immer an zweiter Stelle: *Ostern **liegt** heuer spät. - Heuer **liegt** Ostern spät.* Das Prädikat wird aus Verben gebildet und durch die Merkmale der Konjugation (Person, Numerus, Tempus, Modus, Genus des Verbs) bestimmt ; es stimmt in Person und Numerus mit dem Subjekt des Satzes überein: *Der Baum (er) blüht. - Die Kinder (sie) spielen.*

Man unterscheidet zwischen dem einfachen (einteiligen) und dem zusammengesetzten (mehrteiligen) Prädikat: *Er **spielt** fast täglich Tennis. - Er **hat** das entscheidende Qualifikationsspiel eindeutig **verloren**.* Das zusammengesetzte Prädikat besteht aus dem finiten und dem infiniten Prädikatsteil. Beide Prädikatsteile bilden eine Satzklammer; sie „umschließen" weitere Satzglieder: *Wir **hatten** gestern vergeblich auf den Bus **gewartet**.* In Hauptsätzen steht der finite Prädikatsteil auf der „Position" des Prädikats - entsprechend der jeweiligen Satzart - und der infinite Prädikatsteil schließt den Satz ab: *Ich **konnte** ihn leider nicht **erreichen**. - **Hast** du mit ihm alle Einzelheiten **besprochen**? - **Bring** mir bitte endlich das Buch **zurück!*** In Nebensätzen steht das Prädikat am Ende, und zwar bei zusammengesetzten Prädikaten in der Reihenfolge infiniter/finiter Prädikatsteil: *Wenn er es mir früh genug **gesagt hätte**, dann ... - Er sagte, dass er nicht **kommen könne**.*

Prädikativsatz

(lat.: vgl. Prädikativum, Gliedsatz für eine Gleichsetzungsgröße, Gleich-
setzungssatz)

> Diese Form eines Gliedsatzes, der für ein Prädikativum (Satzglied)
> steht, kommt selten vor.

Prädikativum	**Prädikativsatz**
Franz wurde *Schreiner*.	Franz ist das geworden, *was er sich schon immer gewünscht hatte.*
Sie ist *treu*.	Sie ist, *was man eine treue Seele nennt*.

Prädikativum

(das Prädikativum. lat.: die Satzaussage mitgestaltend - Gleichsetzungsgröße)

> Das Prädikativum ist ein Satzglied; es bezeichnet eine Gleichset-
> zung, die sich auf das Subjekt bezieht: *Claudia ist **Lehrerin***.

Das häufigste „Gleichsetzungszeichen" ist das Hilfsverb *sein* (daneben auch
werden, bleiben, heißen, scheinen): *Er war/wurde krank*. - *Sie blieben
Gruppensieger*. Das Prädikativum kann auch aus einem Adverb, einem
präpositionalen Ausdruck oder einer Genitivform bestehen: *Das war zu
meiner Zeit **anders**. - Sie war **ohne Bewusstsein**. - Wir sind **einer Meinung***.

Präfix

(das Präfix, Plural: Präfixe, lat.: das vorne Angeheftete - Vorsilbe)

> Durch Präfixe lassen sich aus einem Stammwort, einem Wort-
> stamm oder einer Stammsilbe (vgl. auch Silbe) neue Wörter ab-
> leiten oder bilden. Man unterscheidet zwischen gebundenen
> Präfixen, die nur in festen Wortverbindungen verwendet wer-
> den, und freien Präfixen, die auch selbstständig - z.B. als Präpo-
> sition oder Adverb - auftreten können.

gebundene Präfixe	**freie Präfixe**
*be*tragen, *miss*fallen, *ver*bergen	*durch*führen, *über*blicken, *hinein*-fallen
*Er*trag, *Zer*fall	*Ein*fahrt, *Aus*blick, *Rückwärts*gang
*ur*alt, *un*frei	*super*schlau, *meist*bietend

Präposition

(die Präposition, Plural: Präpositionen, lat.: Voranstellung - Verhältnis-wort, Fügewort)

> Die Präpositionen sind eine unveränderbare Wortart. Sie werden in Verbindung mit anderen Wörtern oder Wortgruppen gebraucht, deren Kasus sie bestimmen: *für den sofortigen Gebrauch, ohne mich*. Sie kennzeichnen die Art, wie einzelne Teile (Satzglied, Attribut) einer Aussage sich aufeinander beziehen: *Der Garten **hinter** dem Haus liegt **an** einem Hang* (Ort). - *Wir fahren **in** die Stadt* (Richtung). - ***Seit** letztem Jahr ist er in einer Lehre* (Zeit). - ***Ohne** deine Hilfe hätte ich es nicht geschafft* (nähere Umstände, Grund, Art und Weise).

Zum Teil sind Präpositionen ihrerseits von einem Nomen, einem Adjektiv oder einem Verb abhängig: *Die Sorge um die Kinder bestimmte ihr Leben. - Warum bist du auf ihn eifersüchtig? - Ich denke oft an euch.*

Die meisten Präpositionen fordern einen bestimmten Kasus: *oberhalb der Schneegrenze* (Genitiv) - *bei deinem Geburtstag* (Dativ) - *für diesen Plan* (Akkusativ). Einige Präpositionen können sowohl den Dativ als auch den Akkusativ nach sich haben, dabei ist aber zwischen Ort und Richtung zu unterscheiden: *Vor dem Haus steht ein Baum. - Wir gehen vor das Haus.*

Einzelne Präpositionen - z. B. *an, bei, in, über, unter, von, zu* - können vor allem im Dativ mit dem Artikel verschmelzen: (*an dem*) *am Berg*, (*zu der*) *zur Brücke*. Teilweise ist dies auch beim Akkusativ möglich: *ins Gewissen reden, fürs Erste.*

Neben den „echten" Präpositionen gibt es auch Entlehnungen aus anderen Wortarten; sie haben meistens den Genitiv nach sich: ***dank** deiner Hilfe, **mittels** einer langen Leiter, **ungeachtet** der Proteste, **längs** des Flusses.*

Bei präpositionalen Wortgefügen ist zur Getrennt- und Zusammenschreibung Folgendes zu beachten:
1.) Getrenntschreibung, wenn die einzelnen Bestandteile noch deutlich voneinander abgehoben sind: *zur Zeit/zu Zeiten Luthers, auf Anraten des Arztes.*
2.) Zusammenschreibung, wenn die beiden Bestandteile bereits eine feste Einheit bilden: *inmitten des Trubels, dir zuliebe.*
3.) Zusammen- oder Getrenntschreibung, da sowohl nach 1) als auch nach 2) interpretierbar: *auf Grund/ aufgrund des Wetters, zu Gunsten/ zugunsten behinderter Kinder.*

Präpositionen stehen normalerweise vor dem Wort, dessen Kasus sie bestimmen. Einige Präpositionen können auch nachgestellt werden (Postposition): *meiner Meinung nach, den Fluss entlang* (Aber: *entlang des Flusses).*

Präpositionalobjekt

(nach lat.: Präposition, Objekt - Ergänzung mit Verhältniswort)

> Das Präpositionalobjekt ist ein Satzglied, das in Verbindung mit einer Präposition steht, die vom Verb im Prädikat gefordert wird (vgl. Valenz); der Kasus des Präpositionalobjekts richtet sich nach der Präposition: Wir mussten lange *auf den Zug* warten. - Kümmere dich bitte *um die Gäste*! - Die Entscheidung hängt allein *von dir* ab.

Das Präpositionalobjekt ist notwendiger Bestandteil der Satzstruktur. Wenn der präpositionale Ausdruck nicht unmittelbar vom Verb gefordert wird, dann handelt es sich um ein Adverbiale:

Präpositionalobjekt	**Adverbiale**
Ich rechne *mit deiner Hilfe*.	Ich rechne dies *im Kopf* aus; dazu brauche ich keinen Taschenrechner.

Es gibt jedoch auch Präpositionalobjekte, die nicht unmittelbar durch ein Verb bestimmt sind: *Ich habe dir* (**für dich**) *ein Buch gekauft*. Deshalb ist die Unterscheidung zwischen Präpositionalobjekt und Adverbiale nicht immer leicht. Als Faustregel kann gelten: Wenn die Präposition gewechselt werden kann, ohne dass sich die Bedeutung des Verbs im Prädikat ändert, ist das Satzglied ein Adverbiale: *Sie warteten* **unter der Brücke** *auf mich; ich aber wartete* **am Parkplatz** *auf sie.*

Präsens

(das Präsens, lat.: gegenwärtig - Gegenwart)

> Das Präsens ist ein grammatisches Tempus bei der Konjugation des Verbs; es bezieht sich auf die Zeitstufe der Gegenwart: *Inge schließt das Fenster.*

Neben dieser tatsächlichen Gegenwart kann es auch noch für folgende Fälle verwendet werden:

Ich putze mir jeden Morgen die Zähne.	- Feststellung eines sich wieder-holenden Geschehens
Die Erde dreht sich um die Sonne.	- Aussage von allgemeiner Gültig-keit (an keine Zeit gebunden)
Er kommt morgen.	- Aussage über zukünftiges Ge-schehen (statt des Futurs I)
Am 12. Oktober 1492 landet Kolumbus auf der Insel Guanahani.	- historisches Präsens
Plötzlich fiel es mir wie Schuppen von den Augen, ich reiße die Tür auf. Da steht der Gesuchte vor mir.	- dramatische Erzählweise durch Tempuswechsel

Präteritum

(das Präteritum, lat.: das Vorübergegangene - Erzählzeit, 1. Vergangenheit)

> Das Präteritum ist ein grammatisches Tempus bei der Konjugation des Verbs; es bezieht sich auf die Zeitstufe der Vergangenheit.

Man nennt es im Deutschen auch Erzählzeit, weil es das bestimmende Tempus für Erzählungen oder Berichte ist: *Es war einmal. - Ein König hatte eine Tochter. - Der Mond schaute hinter den Wolken hervor. - Die*

Verletzten konnten erst nach Stunden geborgen werden. In der Umgangssprache und z. T. auch schon in der Schriftsprache wird das Präteritum immer mehr durch das Perfekt ersetzt.

Pronomen

(das Pronomen, Plural: Pronomina/Pronomen, lat.: Fürwort)

Das Pronomen ist eine deklinierbare Wortart; sie besteht aus mehreren Untergruppen. Pronomina können ein Nomen vertreten; deshalb spricht man im Deutschen von einem Fürwort: *Hans spricht mit Inge über seinen Bruder. - Er spricht mit ihr über ihn.* Sie können aber auch ein Nomen begleiten oder genauer bestimmen: *Dieses Heft ist nicht mein Heft.*

Im Einzelnen unterscheidet man:

Demonstrativpronomen	*An **diesem** Donnerstag kann ich leider nicht kommen.*
Indefinitpronomen	*Es muss doch **irgendjemand** Bescheid wissen!*
Interrogativpronomen	*Mit **wem** hast du gesprochen?*
Personalpronomen	***Wir** fahren morgen in die Ferien. - Was machst **du**?*
Possessivpronomen	*Leih mir bitte **dein** Rad! - Bei **meinem** ist ein Ventil undicht.*
Reflexivpronomen	*Ich freue **mich**. - Freust du **dich** auch?*
Relativpronomen	*Ich bin mit den Bedingungen, **die** du genannt hast, einverstanden.*

Pronominaladverb

(lat.: Pronomen, Adverb, Umstandsfürwort)

Pronominaladverbien lassen sich keiner Wortart genau zuordnen; eher kann man sie nach ihrer Funktion im Satz einigermaßen beschreiben. Die Grundformen sind Zusammensetzungen aus Adverbien und Präpositionen.

Adverb	+	Präposition	=	Pronominaladverb
da(r)		an, auf, aus, bei,		daran, hierauf, woraus,
hier	+	durch, für,dabei,		hierdurch, wofür,
wo(r)		gegen, in, mit *usw.*		dagegen, hierin, womit *usw.*

Nach der Wortstruktur müsste man eigentlich von „Präpositional-adverbien" sprechen. Die Bezeichnung „Pronominaladverbien" bezieht sich auf die Funktion; denn sie sind - ähnlich dem Pronomen - „Stellvertreter" und stehen in einem bereits bekannten Sinnzusammenhang für einen anderen präpositionalen Ausdruck oder auch für ganze Sätze.

Sinnzusammenhang	**Bezug / Einordnung**
Auf diese Frage / darauf waren sie nicht vorbereitet.	Satzglied
Die Mauer *unter dem Vorbau / darunter* hat Risse.	Attribut
Wir müssen das Dach reparieren. / Dazu fehlt uns aber das Geld.	Zusammenfassung eines Satzes.
Sie kamen schon am Samstag zu Besuch, womit ich nicht gerechnet hatte. *Um mir dies zu sagen, hierzu* hätte auch ein Anruf genügt.	Wiederaufnahme des Zusammenhangs

Zu den Pronominaladverbien kann man auch nebenordnende Konjunktionen zählen, die in Verbindung mit einem Pronomen gebildet sind und meist einen Grund oder eine Ursache (vgl. Kausaladverb) zusammenfassen oder wiederholen:

Es regnete; *deshalb* blieben wir zu Hause. - Er hatte Fieber, *weswegen* er nicht zum Training kam.

Beachte:
Wenn sich ein präpositionaler Ausdruck auf eine Person bezieht, dann kann er nicht durch ein Pronominaladverb ersetzt werden:

Wir haben *über deinen Plan / darüber* gesprochen.   aber: Wir haben *über den Kandidaten / über ihn* gesprochen.

Rede

> Wenn man nicht gerade an ein Selbstgespräch denkt, dann ist jede Form von Rede eine Äußerung in Richtung auf einen Zuhörer oder Gesprächspartner. Eine Rede kann „einlinig" ablaufen: Einer spricht, alle hören zu. Sie kann auch eine „Wechselrede" sein: Die Gesprächspartner ergänzen sich gegenseitig in ihrer Argumentation oder widersprechen sich (vgl. Sprechakt); sie verfolgen aber alle das Ziel, durch das Gespräch, auch wenn es kontrovers ist, zu einer Lösung oder Entscheidung zu kommen.

Von dieser „Redesituation" sind die grammatischen Bezeichnungen , die sich auf die direkte Rede oder indirekte Rede beziehen , abzugrenzen; sie weisen nur darauf hin, ob das Gesagte im originalen Wortlaut oder als „Bericht" wiedergegeben ist: *Er sagte: „Du kannst dich auf mich verlassen." - Er sagte, dass man sich auf ihn verlassen könne.*

Reflexives Verb

(lat.: rückbezüglich)

> Verben, deren Aussage über eine Handlung oder ein Geschehen unmittelbar auf den „Urheber" zurückwirkt oder sich auf ihn bezieht, nennt man reflexive Verben; sie fordern ein Reflexivpronomen im Akkusativ oder Dativ: *Ich habe **mich** sehr darüber gefreut. - Das bildest du **dir** doch nur ein.*

Echte reflexive Verben können nur in Verbindung mit einem Reflexivpronomen auftreten. Verb und Reflexivpronomen bilden eine Einheit. Das Reflexivpronomen kann nicht durch ein anderes Pronomen ersetzt werden: *sich beeilen, sich erholen, sich wundern, sich etwas aneignen usw.*

Unechte reflexive Verben können auch mit anderen Pronomina und Nomina verbunden werden. Das Pronomen braucht sich nicht auf das Subjekt des Satzes zu beziehen: *Ich bade **mich**/**meine Tochter**/**sie**. - Er wäscht **sich**/**sein Auto**/**es**.*

Reflexive Verben haben kein Passiv; sie bilden im Aktiv die Formen des Perfekts, Plusquamperfekts und Futurs II mit dem Hilfsverb „haben": *Wir hatten uns leider etwas verspätet.*

Reflexivpronomen

(das Reflexivpronomen; zur Pluralbildung vgl. Pronomen; lat.: rückbe-
zügliches Fürwort)

> Das Reflexivpronomen wird dann verwendet, wenn sich etwas
> auf das Subjekt eines Haupt- oder Nebensatzes zurückbezieht,
> wenn also Subjekt und Objekt dieselbe Person oder Sache sind:
> *Die Kinder freuen* **sich**. *- Ich helfe* **mir** *selbst*. *- Ich bat ihn, er*
> *möge* **sich** *nicht verspäten/***sich** *nicht zu verspäten*.

Das Reflexivpronomen stimmt in den Formen weitgehend mit denen des
Personalpronomens überein; nur im Dativ und Akkusativ der dritten Per-
son hat es die eigene Form „sich": *Wir haben* **uns** *das so ausgedacht. -*
Was haben sie **sich** *wohl ausgedacht?*

Rektion

(die Rektion, lat.: Lenkung, Steuerung)

> Man spricht von Rektion, wenn Verben (vgl. auch Valenz), Adjek-
> tive oder Präpositionen einen bestimmten Kasus nach sich for-
> dern: *Sie* <u>bestanden</u> **den Test**. *- Kannst du* **mir** <u>verzeihen</u>? *- Sie*
> *waren* **des ständigen Wartens** <u>überdrüssig</u>. *-* <u>Zu</u> **diesem Punkt**
> *habe ich noch etwas zu sagen*.

Bei Verben und Adjektiven kann sich die Rektion auch auf eine geforderte
Präposition beziehen: *hoffen* **auf** *... - denken* **an** *... - traurig* **über** *...* usw.

Relativpronomen

(das Relativpronomen; zur Pluralbildung vgl. Pronomen; lat.: das auf etwas Bezogene - bezügliches Fürwort)

> Das Relativpronomen (*der, die, das - welcher, welche, welches - wer, was)* bezieht sich auf ein Bezugswort im übergeordneten Satz; es leitet den untergeordneten Satz (Nebensatz, Attributsatz, Relativsatz) ein. Mit dem Bezugswort stimmt es in Genus und Numerus überein; der Kasus richtet sich nach der Konstruktion des untergeordneten Satzes: *Der Stuhl, auf dem du sitzt, ist frisch gestrichen. - Die Straße, an welche das Grundstück grenzt, ist für den Durchgangsverkehr gesperrt. - Die Kunden, mit denen wir sprachen, waren sehr zufrieden.*

„Wer" kann als Verkürzung für „derjenige, der/welcher" und „diejenige, die/welche" verwendet werden: *Wer das behauptet, irrt sich.* „Was" steht nur, wenn es sich auf ein Indefinitpronomen oder Demonstrativpronomen bezieht: *Ich bin mit allem/dem, was du sagst, einverstanden.*

„Der,die,das" wird wie das entsprechende Demonstrativpronomen dekliniert, „welcher, welche, welches" wie ein Adjektiv ohne Artikel (mit Ausnahme des Genitivs, bei dem auf die Formen von „der,die,das" zurückgegriffen wird): *der Strauch, dessen Blätter ... - die Bäume, deren Wurzeln ...*

Relativsatz

(lat.: Bezugssatz)

> Der Relativsatz ist ein Nebensatz (Gliedsatz, Attributsatz), der durch ein Relativpronomen oder ein entsprechendes Adverb eingeleitet wird .

Gliedsatz

Wer das behauptet, sagt nicht die Wahrheit.
Die Schlüssel lagen, wo sie niemand vermutet hatte.

- mit Relativpronomen
- mit Adverb

Attributsatz

Der Baum, der dort steht, muss gefällt werden.
Fragen, worüber man ernsthaft diskutieren könnte, wurden nicht gestellt.

- mit Relativpronomen
- mit Adverb (Pro - nominaladverb)

Am häufigsten tritt der Relativsatz als Attributsatz auf. Dabei richtet sich das Relativpronomen, das den Nebensatz einleitetet, in Genus und Numerus nach dem Bezugswort des übergeordneten Satzes; der Kasus des Relativpronomens richtet sich nach der Struktur des untergeordneten Satzes: *Die Erwartungen, mit denen wir das Projekt begonnen haben, können nicht erfüllt werden.*

Satz

Wenn wir miteinander reden oder etwas schreiben, verwenden wir nur in besonderen Situationen (vgl. Kontext) einzelne Wörter.

Jemand fragt mich: „Wann kommst du?" Ich antworte : *„Morgen."* Ich könnte auch ausführlicher antworten: *„Ich komme morgen."*

Ein Redner spricht sehr leise. Aus dem Saal hört man : *„Bitte lauter!"* Eine etwas höflichere Aufforderung wäre: *„Könnten Sie bitte etwas lauter sprechen? Hier hinten hört man Sie sehr schlecht."*

Ich schreibe in mein Merkheft: *Dienstag: Englischarbeit.*
Das bedeutet: *Am Dienstag schreiben wir eine Englischarbeit.*

Man kann es so sagen: Auch wenn wir in einem Gespräch nur einzelne Wörter verwenden oder uns etwas stichwortwartig notieren, beziehen wir uns „gedanklich" auf ganze Sätze.

Ein Satz ist die kleinste syntaktische (Syntax) und inhaltliche Einheit eines Textes. Er steht zwar meistens in einem größeren Zusammenhang - er bezieht sich auf andere Sätze -, aber er kann auch für sich allein, d.h. selbstständig stehen: *Ampeln regeln den Straßenverkehr.*

Ein Satz besteht aus Satzgliedern; sie sind die „Bausteine" eines Satzes. Das wichtigste Satzglied ist das Prädikat; denn das Verb im Prädikat bestimmt, welche weiteren Satzglieder zumindest für die grammatische Vollständigkeit eines Satzes notwendig sind (vgl. Valenz). Das Grundgerüst eines Satzes bilden Subjekt und Prädikat:

Die Sonne scheint.   Subjekt - Prädikat

Weitere Satzglieder sind die Objekte, die Adverbialia und das Prädikativum. Man unterscheidet zwar zwischen notwendigen (vom Verb geforderten) und freien (den Inhalt ergänzenden) Satzgliedern, diese Unterscheidung ist aber nicht immer klar ersichtlich oder zu begründen. Vieles hängt vom Zusammenhang ab; denn freie Satzglieder können für den Inhalt sehr wichtig sein:

Ampeln regeln den Straßenverkehr.   Subjekt - Prädikat - Objekt

An dieser Kreuzung regeln Ampeln   Adverbiale - Prädikat - Sub-
den Straßenverkehr.   jekt - Objekt

Die Hauptstraße ist zweispurig.   Subjekt - Prädikat - Prädikativum

Das Adverbiale „An dieser Ampel" ist zwar für die grammatische Vollständigkeit des Satzes nicht wichtig, wohl aber für die allgemeine Information der Benutzer dieser Kreuzung; und man könnte die Information noch um eine weitere Einzelheit aktualisieren: *Seit Anfang Oktober* regeln Ampeln an dieser Kreuzung den Straßenverkehr.

Wenn in einem Satz an Stelle eines Satzgliedes ein Gliedsatz steht oder ein Attribut zu einem Attributsatz erweitert ist, dann spricht man von einem Satzgefüge (vgl. auch Hauptsatz, Nebensatz):

Wir spielen *bei Regen* in der Halle.   Satzglied
Wir spielen, *wenn es regnet,* in der Halle.   Gliedsatz

In der *abgebrannten* Halle waren Giftstoffe gelagert.   Attribut
In der Halle, *die abbrannte*, waren Giftstoffe gelagert.   Attributsatz

Je nach der Aussageabsicht haben Sätze eine unterschiedliche Struktur; es kann sich die Abfolge der Satzglieder (vgl. Satzbauplan) ändern. Man unterscheidet drei Satzarten:
Aussagesatz: Die Ferien beginnen morgen.

Fragesatz: Wann beginnen die Ferien?
  Beginnen die Ferien morgen?

Aufforderungssatz: Erholt euch gut in den Ferien!

Die Abfolge der Satzglieder in einem Satz ist nicht zufällig; sie hängt von der Satzart ab . Eine Möglichkeit der Umstellung, um wichtige Informationen an den Satzanfang zu stellen, ist die Inversion ; z. B. im Aussagesatz:
Ich **sprach** erst vor kurzem mit ihm über unsere Pläne.
Erst vor kurzem **sprach** ich mit ihm über unsere Pläne.
Über unsere Pläne **sprach** ich erst vor kurzem mit ihm.
Mit ihm **sprach** ist erst vor kurzem über unsere Pläne.

Satzakzent

(siehe unter Akzent)

Satzart

In einem Satz kann ich etwas aussagen oder mitteilen, nach etwas fragen, einen Wunsch äußern, eine Aufforderung oder einen Befehl ausdrücken. Die jeweilige Aussage- oder Mitteilungsabsicht bestimmt auch die Struktur des Satzes, d.h. die Abfolge der Satzglieder. Weitere Hinweise - zumindest in der schriftlichen Wiedergabe - geben die Satzzeichen: Punkt, Fragezeichen, Ausrufezeichen.

Nach Form und Aussageabsicht werden in den Grammatiken drei Satzarten unterschieden: Aussagesatz, Fragesatz und Aufforderungssatz (auch: Befehlssatz, Wunschsatz):

Morgen beginnen die Ferien.   - Aussagesatz
Vögel haben Federn.

Könntest du mir helfen?   - Fragesatz
Wer könnte mir helfen?   (vgl. Satzfrage, Wortfrage)

Gib mir deine Hand!   - Aufforderungssatz
Überprüfen Sie das Angebot!

Eigentlich müsste man auch den Ausrufesatz als vierte Satzart aufführen; dies aber bereitet Schwierigkeiten, da der Ausrufesatz nur inhaltlich als eigene Satzart zu bestimmen ist. Die Satzstruktur ist - von Fall zu Fall - jeweils nach den drei Satzarten ausgerichtet; die Zeichensetzung am Satzende hängt von der Aussageabsicht ab:

Das ist ja unglaublich! - So gut habe ich ihn noch bei keinem Spiel gesehen! - Wer hätte das gedacht ? (!) - Hat er nicht alle Chancen bestens genutzt! (?)

Satzart und Aussageabsicht stimmen nicht immer überein. Eine Aufforderung kann z. B. auch in der Form eines Aussage- oder Fragesatzes ausgesprochen werden. Der Grund dafür sind Abstufungen im Grad der Aufforderung oder der Versuch, die Aufforderung höflich zu umschreiben:

Mach doch bitte das Licht an! - Kannst du bei dem Licht noch etwas sehen? - Würdest du bitte das Licht einschalten? - Du solltest die Lampe anknipsen. - Du gehst jetzt zum Schalter!

Satzbauplan

Das Beschreibungsmodell für die Satzbaupläne ist der Aussagesatz. Ein Satz ist nach Satzgliedern (Subjekt, Prädikat, Prädikativum, Objekt, Adverbiale) strukturiert. Im jeweiligen Satzbauplan werden nur jene Satzglieder genannt, die für die grammatische Vollständigkeit (vgl. Valenz) notwendig sind. Jeder Satz kann mit weiteren Satzgliedern frei erweitert werden.

Die Sonne / scheint.	Subjekt / Prädikat
Ich / bedarf / deiner Hilfe.	Subjekt / Prädikat / Genitivobjekt
Das Buch / gehört / meiner Schwester.	Subjekt / Prädikat / Dativobjekt
Ich / sehe / nichts.	Subjekt / Prädikat / Akkusativobjekt
Du / verstößt / gegen die Regeln.	Subjekt / Prädikat / Präpositionalobjekt
Ihr / erweist / dem Verein / einen großen Gefallen.	Subjekt / Prädikat / Dativobjekt / Akkusativobjekt
Die Kinder / gratulieren / der Mutter / zum Geburtstag.	Subjekt / Prädikat / Dativobjekt / Präpositionalobjekt
Sie / würdigten / ihn / keines Blickes.	Subjekt / Prädikat / Akkusativobjekt / Genitivobjekt
Der Vorsitzende / informierte/ die Versammlung / über die Finanzen.	Subjekt / Prädikat / Akkusativobjekt / Präpositonalobjekt
Die Straße / ist / abschüssig.	Subjekt / Prädikat / Prädikativum

Die Reihenfolge der Satzglieder kann sich je nach Betonung durch Umstellung (vgl. Inversion) des Subjekts ändern: *Sie / erweisen / mir / damit / einen großen Gefallen*. - *Damit / erweisen / Sie / mir / einen großen Gefallen. - Mir / erweisen / Sie / damit / einen großen Gefallen.*

Bei einem mehrteiligen Prädikat stehen der finite Prädikatsteil an der zweiten Stelle und der infinite Prädikatsteil am Satzende; sie bilden eine Satzklammer: *Er / konnte / sich / kaum / bewegen. - Wir / hatten / mit diesem Ergebnis / nicht mehr / gerechnet. - Sie / kamen / mit einer sehr guten Nachricht / zurück.*

Mit Ausnahme des Prädikats können alle Satzglieder durch Gliedsätze ersetzt werden; sie nehmen dann die Position des entsprechenden Satzgliedes ein: *Sie konnte wegen einer Verletzung nicht spielen. - Sie konnte, weil sie verletzt war, nicht spielen.* Attributsätze folgen meistens unmittelbar nach dem Bezugswort: *Die Geschichte, die du mir erzählt hast, kann ich nicht glauben.*

Satzfrage

Die Satzfrage ist - nach Inhalt und Satzstruktur - eine eigene Form des Fragesatzes; sie heißt auch *Entscheidungsfrage*, weil sich die mögliche Antwort („ja" - „nein" - „vielleicht" - „ich weiß nicht") auf den gesamten Inhalt des Fragesatzes bezieht:

„Gehst du mit mir heute Abend ins Kino?"   - „Natürlich!" (Ich gehe mit dir ins Kino.)

„Hast du schon die Mietangebote gelesen?"   - „Nein!" (Ich habe sie noch nicht gelesen.)

Bei einer Satzfrage steht das einfache Prädikat an der ersten Stelle:

Bleibst du bei deiner Meinung?

Das zusammengesetzte Prädikat bildet eine Satzklammer; der finite Prädikatsteil (vgl. auch Personalform) steht am Satzanfang, der infinite Prädikatsteil (vgl. auch infinite Verbform) steht am Satzende:

Hast / du / davon / **gewusst**? - **Könntest** / du / mir / **helfen**? - **Holt** / ihr / mich / am Bahnhof / **ab**?

Satzgefüge

Das Satzgefüge ist eine Verknüpfung eines Hauptsatzes mit einem oder mehreren Nebensätzen. Der Hauptsatz ist übergeordnet; die Nebensätze sind untergeordnet (vgl. Hypotaxe, Subordination), sie hängen von der Struktur des Hauptsatzes ab.

Die Nebensätze stehen für ein Satzglied (vgl. Gliedsatz) oder Attribut (vgl. Attributsatz) des Hauptsatzes:

Wir besuchen euch *demnächst*.	Satzglied
Wir besuchen euch, *sobald es geht.*	Gliedsatz

Er erzählte einen Witz *mit Bart*.	Attribut
Er erzählte einen Witz, *den jeder schon kannte*.	Attributsatz

Je nach der Eingliederung des Nebensatzes in den übergeordneten Satz spricht man von Vordersatz, Binnensatz oder Nachsatz: *Ob ich kommen kann, weiß ich nocht nicht. - Wir blieben, weil es regnete, zu Hause. - Ich werde dich informieren, sobald ich Genaueres erfahren habe.*

Abhängigkeiten kann es auch bei Nebensätzen geben, wenn ein zweiter Nebensatz einem ersten Nebensatz untergeordnet ist:

Ich hätte es dir schon längst gesagt,	- Hauptsatz
wenn ich wüsste,	- erster Gliedsatz
wie man es besser machen könnte.	- zweiter Gliedsatz (abhängig vom ersten)

In einzelnen Fällen - z. B. bei gleichem Subjekt im Haupt- und Nebensatz - können Nebensätze zu Infinitiv- bzw. Partizipalsätzen „verkürzt" werden: *Er versprach mir (,) spätestens morgen früh anzurufen. - Das Haus, seit Monaten leer stehend, wurde gründlich renoviert.*

Satzglied

Ein Satz besteht zwar aus einzelnen Wörtern, aber die Gliederungseinheiten, die einen Satz strukturieren, sind die Satzglieder. Sie können aus nur einem Wort oder aus einer ganzen Wortgruppe gebildet sein. Zu erkennen sind sie daran, dass sie jeweils nur als geschlossene Einheit im Satz umgestellt werden können (vgl. Verschiebeprobe): *Ulli und ich / fahren / dieses Jahr / mit dem Motorrad / ins sonnige Spanien. - Dieses Jahr / fahren / Ulli und ich / mit dem Motorrad / ins sonnige Spanien.* Auch Nebensätze sind nach Satzgliedern strukturiert, die allerdings nicht ohne weiteres verschoben werden können: *Ich weiß, dass / Ulli und Matthias / dieses Jahr / mit dem Motorrad / nach Spanien / fahren.*

Im Einzelnen unterscheidet man:

- das Subjekt	*Die Helden sind müde. - Die nächste Wahl wird mit Spannung erwartet. - Wer weiß die Lösung?*
- das Prädikat	*Wir arbeiten auf dem Bau. -Die Firma zahlt gut.*
- die Objekte	*Ich kenne dich. - Franz schrieb seiner Freundin einen Brief. - Ich denke oft an unseren gemeinsamen Urlaub. - Wer erinnert sich noch jener Jahre des Aufbaus?*
- das Adverbiale	*Unter diesen Umständen verzichte ich auf eine Kandidatur. - Morgens und abends putze ich mir die Zähne.*
- das Prädikativum	*Franz ist wieder gesund. - Dieses Jahr werden wir bestimmt Landessieger.*

Satzglieder - mit Ausnahme des Prädikats - können in einem Satzgefüge durch Gliedsätze ersetzt oder erweitert werden: *Mit deiner Hilfe schaffe ich es. - Wenn du mir hilfst, schaffe ich es bestimmt.*

Satzgliedreihe

Ein Satzglied kann mehrfach besetzt sein : *Wir trafen uns mit Freunden und Bekannten*.

Eine asyndetische Reihung wird durch Satzzeichen gegliedert, eine syndetische durch nebenordnende Konjunktionen: *Wir bieten heute besonders preiswert an: Bananen, Äpfel, Birnen. - Ich konnte ihn weder im Haus noch im Garten finden*. Beide Möglichkeiten können auch ineinander gehen: *Sie sangen, tanzten und feierten vergnügt in den Mai hinein.*

Satzgliedteil

In einem Satz können - mit Ausnahme des Prädikats - einzelne Satzglieder je nach Betonung verschoben werden (vgl. Verschiebeprobe).

Das Attribut als ein Satzgliedteil lässt sich aber nur in Verbindung mit dem Satzglied, dem es „beigefügt ist, verschieben: *An guten Ratschlägen / mangelt / es / nicht. - Es / mangelt / nicht / an guten Ratschlägen.*

Satzklammer

Bei einem mehrteiligen Prädikat bilden der finite und der infinite Prädikatsteil eine Satzklammer (auch: Verbklammer), d.h. sie umschließen andere Satzglieder: *Ich habe dies alles mit eigenen Augen gesehen. - Wann kann ich mit deiner Antwort rechnen? - Geben Sie das ausgeliehene Buch bitte fristgerecht zurück!*

Satzlehre

(siehe unter Syntax)

Satzreihe

Die Satzreihe ist eine Nebenordnung (vgl. Koordination, Parataxe) gleichrangiger Sätze man unterscheidet dabei zwischen der Reihung von selbstständigen Hauptsätzen und der Reihung von abhängigen Gliedsätzen oder Attributsätzen:

Du spielst, ich arbeite. - Du spielst (,) und ich muss arbeiten. - Du spielst, aber ich soll arbeiten.	Hauptsatz + Hauptsatz (Satzverbindung)
Weil es regnete und dazu noch sehr kalt war, fiel das Training aus.	Gliedsatz + Gliedsatz (Gliedsatzreihe)

In der Zeitung standen heute Einzelheiten über den Unfall, der sich gestern ereignet hatte und bei dem es einen Schwerverletzten gegeben hatte.	Attributsatz + Attributsatz (Attributsatzreihe)

Wenn die Satzreihe ohne Konjunktion gebildet wird, dann wird sie durch ein Komma oder ein Semikolon unterteilt: *Die Glocke läutet, die Schule beginnt, wir gehen ins Klassenzimmer. - Ich kann es dir nicht sagen; ich weiß es nicht.*

Bei einer Reihung mit Konjunktion ist Folgendes zu beachten:

Der Mond stand am Himmel (,) und die Sterne leuchteten.	Vor reihenden Konjunktionen (und, oder) steht kein Komma. Man kann es aber setzen, wenn die Einzelsätze hervorgehoben werden sollen.
Das Spiel wurde verlängert, aber es blieb beim Unentschieden.	Vor entgegenstellenden Konjunktionen (aber, doch, sondern) steht

Satzzeichen

Wie in einer Redesituation Mitteilungen und der entsprechende Hintergrund durch Gestik, Pausen, Betonung, Tonfall usw. „unterstützt" und gegliedert werden, so sind in der schriftlichen Fassung eines Textes die Satzzeichen wichtige Verstehens- und Gliederungshilfen. Dabei ist zu unterscheiden zwischen Satzzeichen (im engeren Sinne), die auf die syntaktische (Syntax) Struktur eines Textes hinweisen, und weiteren Zeichen.

Zu den syntaktischen Satzzeichen im engeren Sinne gehören:

- „Schlusszeichen" von Ganzsätzen	Punkt, Ausrufezeichen, Fragezeichen
- Gliederungshilfen innerhalb von Ganzsätzen	Komma, Semikolon (Strichpunkt), Doppelpunkt, Gedankenstrich, Klammern
- Markierungen für die direkte Rede und für Hervorhebungen	Anführungszeichen

Zu den Satzzeichen, die sich vor allem auf Wörter beziehen, gehören: Bindestrich, Ergänzungsstrich, Apostroph, Auslassungspunkte, Schrägstrich.

Schwache Deklination

(lat.: vgl. Deklination)

Sprachgeschichtlich nennt man die schwache Deklination auch die „konsonantische", weil die Deklinationssuffixe (Suffix) - mit wenigen Ausnahmen im Singular - sowohl beim Nomen als auch beim Adjektiv (als Attribut) auf -n/-en enden: *der Student, des Studenten, die Studenten - diese neuen Maßnahmen* (zur weiteren Information vgl. Nomen, Adjektiv).

Schwache Konjugation

(lat.: vgl. Konjugation)

Die schwache Konjugation (vgl. schwaches Verb) ist - im Unterschied zur starken Konjugation - daran zu erkennen, dass das Präteritum im Aktiv mit -(e)te gebildet wird.

ich	sagte	ich	redete
du	sagtest	du	redetest
er, sie, es	sagte	er, sie, es	redete
wir	sagten	wir	redeten
ihr	sagtet	ihr	redetet
sie	sagten	sie	redeten

Auch gibt es keine Konjugationsformen, die mit Hilfe des Ablauts oder Umlauts gebildet werden. Dies betrifft vor allem den Konjunktiv I, der mit dem Indikativ des Präteritums gleich lautet: *Wenn er es so meinte, könnten wir zustimmen.*

Schwaches Verb

Schwache Verben sind daran zu erkennen, dass sich bei den Stammformen der Stammvokal (vgl. auch Ablaut) nicht ändert, die zweite Stammform mit -(e)t - gebildet wird und die dritte Stammform auf -(e)t endet: *tanzen - tanzte - getanzt; regnen - regnete - geregnet.*

Semantik

(die Semantik, griech.: Bedeutungslehre)

Die genaue Bedeutung von Wörtern oder Formulierungen hängt im Einzelnen jeweils vom Zusammenhang ab. Die Sprache ist nur eines von vielen Zeichensystemen. Ein Zeichen besteht aus einem Signal und der Bedeutung, die mit dem Signal verbunden wird. Dies lässt sich sehr gut an den Verkehrszeichen verdeutlichen: Das Verkehrsschild wird verstanden, weil über seine Bedeutung eine Übereinkunft besteht; deshalb ist es ein Verkehrszeichen. Auf die Sprache übertragen bedeutet dies:

Signal	=	Ausdruck, Wortgestalt, Satzgestalt
Bedeutung	=	Inhalt eines Wortes oder eines Satzes
Zeichen	=	Wort, Satz, Text

Man kann den Zusammenhang auf folgende „Formel" bringen:

Ausdruck + Inhalt = Sprache

Bei den Bedeutungen ist zwischen der Grundbedeutung (vgl. denotativ) und dem möglichen Nebensinn (vgl. konnotativ) eines Wortes oder einer Formulierung zu unterscheiden:

Das Heizkraftwerk brauchte dieses Jahr weniger Kohle. (Brennmaterial) - Wenn nur die Kohle stimmt! (Geld)

Sie trug ein schwarzes Kleid. (Farbe) - Ich könnte mich schwarz ärgern. (Erregungszustand) - Wer schwarzfährt, riskiert eine Anzeige. (Fahren ohne Fahrschein)

Sie schwimmt ausgezeichnet. (Fähigkeit) - Bei der Frage kam er ins Schwimmen. (Unsicherheit)

Silbe

Silben sind die kleinsten Lautgruppen oder -verbindungen, aus denen sich ein Wort aufbaut. Der Grundbestandteil ist immer ein Vokal (auch Diphthong oder Umlaut) als „Tonträger" (Selbstlaut), dem sich ein oder mehrere Konsonanten (Mitlaute) anschließen.

Man spricht von einer *offenen* Silbe, wenn sie auf einen Vokal auslautet, und von einer *geschlossenen* Silbe , wenn sie mit einem oder mehreren Konsonanten abschließt; der Vokal kann auch in Konsonanten „eingebettet" sein:

offene Silbe	*geschlossene Silbe*	*„eingebetteter" Vokal*
so, zu, grau	in, aus, alt, Fürth	Bad, Baum, Pferd, Glück

Ein Wort kann aus einer oder mehreren Silben bestehen:

einsilbig	*zweisilbig*	*mehrsilbig*
Ton, oft	Bru/der, El/tern	Dro/me/dar, öf/fent/lich

Silben im *engeren Sinn* sind Sprechsilben; wir trennen die einfachen Wörter am Zeilenende nach den Pausen oder Unterbrechungsmöglichkeiten im Sprechrhythmus. Dabei wird ein einzelner oder der letzte von mehreren Konsonanten der Silbe zu Beginn der nächsten Zeile zugeordnet: Rie-se, Sil-ber, ers-tens.

Zu den Silben im *weiteren Sinn* gehören die Sprachsilben: Sie sind

- entweder Wortbildungselemente oder Flexionselemente, die vor (Präfix, „Vorsilbe") bzw. nach (Suffix , "Nachsilbe") einem Stammwort eingefügt sind,

- oder Bestandteile von Zusammensetzungen:

Ableitungen	Flexion	Zusammensetzungen
*Ein*fahrt	er sag*te*	*Bahn*hof
freund*lich*	Kind*er*	*Stumm*film
*ver*füg*bar*	*ge*fund*en*	*stand*halten

Ableitungen und Zusammensetzungen werden, wenn sie als solche noch erkennbar sind, am Zeilenende nach Sprachsilben getrennt. Wenn die Wortgeschichte (Etymologie) nicht mehr bekannt ist - dies gilt vor allem bei Fremdwörtern - , dann kann auch nach Sprechsilben getrennt werden.

Häufig werden Ableitungen und Flexionsformen in einem „kombinierten" Verfahren dargestellt; sie sind nicht einfach in einer einzelnen Silbe (ob im engeren oder im weiteren Sinn) wiedergegeben. Für diesen Sachverhalt hat man den Begriff Morphem eingeführt; er charakterisiert jeweils den Gesamtvorgang:

Ableitung | *Flexionsform*

Haus - *häuslich* | er gibt - *er gäbe*
oft - *öfters* | die Mutter - *die Mütter*

Bei der Silbentrennung von Wörtern , die aus Ableitungen oder durch Zusammensetzung entstanden sind, geht die Trennung nach Sprachsilben vor der Trennung nach Sprechsilben, sofern die Herkunft der Wortteile noch bekannt ist: Infra/struktur (aus **infra**/*unterhalb* und *Struktur)* - Wort/stamm (aus *Wort* und *Stamm)*.

Singular
(der Singular, lat.: Einzahl)

> Der Singular (vgl. Numerus) gibt bei der Konjugation (vgl. Verb) und Deklination (vgl. Nomen, Pronomen) die Einzahl an.

Beim **Singular der Konjugation** werden 1., 2. und 3. Person unterschieden: Ich gehe. - Du spielst. - Das Buch (es) gefällt mir.

Beim **Singular der Deklination** ist der Nominativ (vgl. auch Kasus) die Grundform. Aus dem Genitiv lässt sich ersehen, nach welcher Deklination (starke oder schwache Deklination) das Nomen gebeugt wird: des Kindes (stark) - des Kunden (schwach) .

Sprachsilbe

Bei der Anordnung nach Sprachsilben werden ein abgeleitetes Wort oder Zusammensetzungen an der „Verbindungsstelle" nach der Herkunft ihrer Bestandteile (vgl. Wortbildung) gegliedert ; dies gilt auch für die Worttrennung am Zeilenende: Durch-blick, un-ter-bringen, rück-ständig, Ein-weg-flasche, Melde-pflicht.

Wenn die Herkunft der einzelnen Wortteile - besonders bei Fremdwörtern - nicht mehr allgemein bekannt ist, dann können abgeleitete Wörter und Zusammensetzungen auch nach Sprechsilben getrennt werden:

Trennung nach Sprachsilben	*Trennung nach Sprechsilben*
ein-ander, vor-aus, her-unter	ei-nander, vo-raus, he-runter
Inter-esse (lat.: „dabei sein")	Inte-resse
Chir-urg (griech.: „Hand-werker)	Chi-rurg

Sprechakt

Was tun wir, wenn wir sprechen, und mit welcher Absicht sprechen wir? - Dies sind wichtige Aspekte des Sprechakts oder der jeweiligen Sprachhandlung. Der Sprechakt lässt sich zwar aufgrund der verwendeten Satzarten nach Aussage, Frage oder Befehl gliedern oder beschreiben, das reicht aber nicht aus; wichtig sind weitere Einzelheiten: Wer spricht mit wem? - Sind die Partner gleichrangig oder bestehen Abhängigkeiten? - Gibt es die Möglichkeit zu einer kritischen Entgegnung? - usw.

Man kann es so sagen: Bei der Beschreibung oder Beurteilung einer sprachlichen Handlung - eines Sprechakts - muss auch der „außersprachliche" Kontext berücksichtigt werden.

Sprechsilbe

> Sprechsilben sind lautliche Untergliederungen mehrsilbiger Wörter nach dem Sprechrhythmus.

Dabei ist für die Rechtschreibung zu beachten, dass bei Worttrennung am Zeilenende ein einzelner Konsonant oder der letzte von mehreren jeweils zur Silbe auf der nächsten Zeile kommt. Jedoch werden Buchstabengruppen (vgl. Buchstabe), die einen einzelnen Konsonantenlaut wiedergeben, nicht getrennt: re-den, lau-schen, Zu-cker, gie-ßen, Schwes-ter, müs-sen, Mün-chen, Ern-te, As-phalt, Af-ri-ka.

Aber: Ein abgeleitetes Wort oder Zusammensetzungen werden an den „Verbindungsstellen" nach der Herkunft ihrer Bestandteile, d.h. nach Sprachsilben getrennt: aus-üben, Ein-blick, Haus-ordnung, selbst-ständig.

Stammformen

> Die Stammformen eines Verbs zeigen an, wie es konjugiert (Konjugation) wird:

	starkes Verb (starke Konjugation)	**schwaches Verb** (schwache Konjugation)	**unregelmäßiges Verb** (unregelmäßige Konjugation)
1. Stammform (Infinitiv)	finden erfinden vorfinden	sagen versagen aussagen	denken bedenken nachdenken
2. Stammform (Präteritum)	(ich) fand (ich) erfand (ich) fand ... vor	(ich) sagte (ich) versagte (ich) sagte ... aus	(ich) dachte (ich) bedachte (ich) dachte ... nach

3. Stammform

(Partizip II)	gefunden	gesagt	gedacht
	erfunden	versagt	bedacht
	vorgefunden	ausgesagt	nachgedacht

Bei vielen starken Verben ändert sich in den Stammformen durch Ablaut jeweils auch der Stammvokal: f*i*nden - f*a*nd - gef*u*nden; h*e*lfen - h*a*lf - geh*o*lfen. Wichtige zusätzliche Informationen zu den Stammformen sind folgende Einzelheiten:

- Mehrere starke Verben haben im Präsens (Indikativ, Aktiv, 2. und 3. Person, Singular) entweder den e/i-Wechsel oder den Umlaut: ich h*e*l-fe - du h*i*lfst; ich tr*a*ge, du tr*ä*gst.

- Einfache Verben haben im Partizip II die Vorsilbe „ge-": *ge*sehen. Bei trennbaren Verben steht die Silbe „ge-" zwischen den Wortteilen: durch*ge*flossen, ein*ge*kauft. Bei abgeleiteten Verben, die keine trenn-baren Verben sind, und bei Verben, die im Infinitiv auf „-ieren" enden, wird das Partizip II ohne die Silbe „ge-" gebildet: verklungen, enteilt, nummeriert, einstudiert.

- Verben bilden das Perfekt entweder mit „haben" oder mit „sein": er *hat* nachgedacht, sie *ist* gekommen.

- Bei starken Verben (z.T. auch bei Hilfsverben und Modalverben) wird der Konjunktiv II aus der 2. Stammform mit Umlaut gebildet: er fuhr - er f*ü*hre; sie war - sie w*ä*re; er mochte - er möchte.

Stammprinzip

Durch Ableitungen und Zusammensetzungen entwickelt und er-weitert sich ständig der Wortschatz einer Sprache. Um die „Ver-wandtschaft" innerhalb einer Wortfamilie zu dokumentieren und zu erklären, gilt für die deutsche Rechtschreibung die Regel, dass ein Wort jeweils nach seiner Herkunft (Etymologie) geschrieben wird; dies nennt man das Stammprinzip. Eine Ausnahme bilden die Lehnwörter und die bereits „eingedeutschten" Fremdwörter; sie werden so geschrieben, wie man sie hört: Fenster (lat.: fenestra) - Büro (frz.: bureau) - Telefon (griech.: Telephon) - Streik (engl.: strike).

Für die Rechtschreibung ist die Schreibweise des Erbwortes, des Stammwortes, des Wortstammes oder der Stammsilbe wichtig; sie wirkt sich
auch auf den Ablaut, auf den Umlaut und auf die sogenannte Auslautverhärtung aus:

Erbwort oder Stammwort

Wachs , roh , sagen   - wachsweich, wächsern, Rohheit, Roh-
                                    kost, verrohen, einsagen, unsäglich

Wortstamm oder Stammsilbe

Tag, fahr-   - Tageszeiten, vertagen, täglich, Fahr-
                                    dienst, Gefährte, fahrlässig, überfahren

Ableitungen durch Ablaut
(vgl. Stammformen)

fahren - fuhr - gefahren - Fuhre, Einfuhr, Fuhrdienst, Band, Bund,
binden - band - gebunden Bundestag

Ableitungen durch Umlaut

alt, außen, offen, Geburt - älter , äußerlich, öffentlich, gebürtig

Auslautverhärtung

(Um das Stammprinzip in der Rechtschreibung durchzuhalten, werden
sprachgeschichtlich bedingte Veränderungen zugunsten der einheitli-
chen Schreibweise übergangen. Wir sprechen heute viele Wörter im
Auslaut anders aus, als sie geschrieben werden; das hängt mit dem
Systemzwang des Stammprinzips zusammen.)

das Kind („Kint")   aber: die Kinder
ewig („ewich")   Ewigkeit

Stammsilbe

Wenn man von einem mehrsilbigen Wort (z.B. von einem abgeleiteten Wort) die Vorsilben (Präfixe) und Nachsilben (Suffixe) ab-
trennt, dann bleibt als Rest oder als „Wurzel" die Stammsilbe; sie
bildet den Wortstamm:

   (trag-)   Ver-<u>trag</u>, über-<u>trag</u>-bar, be-<u>trag</u>-en

Die Stammsilbe kann ein selbstständiges einsilbiges Wort sein (vgl. Stammwort; z.B. *Bild, Lauf*) oder ein Wortstamm, aus dem mit Hilfe von
Wortbildungs- oder Flexionssilben (vgl. Morphem) weitere (abgeleitete)
Wörter entstanden sind oder entstehen, die alle - zumindest ihrer Herkunft nach (vgl. Stammprinzip) - auf einen gemeinsamen Wortstamm oder
auf eine gemeinsame Stammsilbe zurückzuführen sind:

Sitz   <u>Sitz</u>-ung, be-<u>sitz</u>-en
(bind-)   ver-<u>bind</u>-en, ver-<u>bind</u>-lich

Wörter, die auf eine gemeinsame Stammsilbe zurückzuführen sind, bilden eine Wortfamilie. Neben der Erweiterung durch ein Präfix oder Suffix kann die Stammsilbe auch durch Ablaut oder Umlaut die „Wurzel" für
weitere Wortbildungen sein :

.
(fahr-)   **Fu**hre   Ablaut
            gef**ä**hrlich   Umlaut

Stammvokal

Stammvokal ist der Vokal eines Stammwortes oder eines Wortstammes, der sich bei der Wortbildung oder Flexion durch Ablaut oder Umlaut ändern kann.

H**a**ss   h**ä**sslich   - Umlaut
l**au**t   l**äu**ten   - Umlaut
oft   **ö**fter

(b**i**nd-) das B**a**nd , der B**u**nd   - Ablaut
            B**ä**nder, b**ü**ndig   - Umlaut

Stammwort

Im Unterschied zur Stammsilbe oder zum Wortstamm ist das
Stammwort ein selbstständiges Wort, das im Wörterbuch mit einer eigenen Bedeutung verzeichnet ist: *Hand*, *krank, offen*.

Stammwörter gehören zum ältesten Wortbestand einer Sprache; durch Ableitungen und Zusammensetzungen wird mit ihrer Hilfe der Wortschatz einer Sprache ständig erweitert: *Hand* (Handel, handlich, einhändig, aushändigen, verhandeln, Handwerk, handfest, überhand nehmen) - *krank* (erkranken, Krankheit, kränklich, Krankenhaus) - *offen* (Offenheit, öffentlich, offenbar, veröffentlichen, Öffnungszeiten).

Starke Deklination

(lat.: vgl. Deklination)

> Sprachgeschichtlich gibt es verschiedene Deklinationsklassen: ob jeweils ein Vokal oder ein Konsonant die Deklinationsendung bestimmt. Die Unterscheidung zwischen „stark" und „schwach" geht darauf zurück. Zur starken Deklination gehören Nomina und Adjektive (auch Numeralia) als Attribute, die den Plural nicht mit der Endung -n/-en bilden: *die Steine, schwere Zeiten* .

Im Singular des Nomens muss man zwischen dem jeweiligen,Genus unterscheiden: Femininum ist durchgehend endungslos; im Maskulinum und Neutrum wird der Genitiv mit der Endung -s/-es gebildet: (das Spiel) *des Tages* - (die Arbeit) *eines Jahres*. Beim attributiven Adjektiv richtet sich die Endung danach, ob Genus, Numerus und Kasus bereits durch den Artikel oder ein Pronomen markiert sind: *diese zahlreichen Hinweise* - *zahlreiche Hinweise.*

Starke Konjugation

(lat.: vgl. Konjugation)

> Die starke Konjugation (vgl. starkes Verb) ist daran zu erkennen, dass das Präteritum im Aktiv meistens mit Ablaut gebildet ist und der Konjunktiv II mit Umlaut

	Indikativ/ Präteritum/ Aktiv		Konjunktiv II/ Aktiv	
(geben)	ich	gab	ich	gäbe
	du	gabst	du	gäbest
	er, sie, es	gab	er, sie, es	gäbe
	wir	gaben	wir	gäben
	ihr	gabt	ihr	gäbet
	sie	gaben	sie	gäben

Starkes Verb

Starke Verben sind daran zu erkennen, dass sie die Stammformen mit Ablaut bilden und im Partizip II (3. Stammform) auf -en enden: *singen - sang - gesungen; helfen - half - geholfen.* Bei den Formen des Konjunktivs II tritt - wenn möglich - der Umlaut auf: *ich führe, ich gäbe, ich flöhe*.

Steigerung
(siehe unter Komparation)

Subjekt
(das Subjekt, Plural: Subjekte, nach dem lat. Verb „subicere", darunter legen - „subiectum", das darunter Gelegte - Satzgegenstand)

Das Subjekt ist ein Satzglied. Es ist sozusagen der Gegenstand des Satzes über den das Prädikat etwas aussagt. Es steht im Nominativ und stimmt in Person und Numerus mit dem Prädikat überein (vgl.Kongruenz): *Die Kinder* / spielen / auf der Wiese.

Im Aussagesatz steht das Subjekt vor dem Prädikat: *Wir* / fahren / auch dieses Jahr / ans Meer. Wenn ein anderes Satzglied (mit Ausnahme des Prädikats) hervorgehoben und an den Satzanfang gestellt werden soll, dann folgt das Subjekt nach dem Prädikat bzw. nach dem finiten Prädikatsteil (vgl. Inversion): Auch dieses Jahr / fahren / *wir* / ans Meer. - Gestern / hatte / *mein Bruder* / bei mir / angerufen.

Bei intransitien Verben - vor allem bei den so genannten „Wetterverben" - kann ein persönliches Subjekt fehlen. Die Position des Subjekts wird dann oft durch „es" als Platzhalter übernommen: *Es* hat dieses Jahr viel geschneit. *Es* wird ihm bestimmt helfen. Auch kann durch „es" das Subjekt vorweggenommen werden: *Es kamen nur wenige Zuschauer*.

Subjektsatz

Der Subjektsatz ist ein Gliedsatz, der an die Stelle eines Subjekts (vgl. Satzglied) treten kann: *Du weißt nicht Bescheid. Wer diesem Plan zustimmt, weiß nicht Bescheid.* - *Deine plötzliche Abreise gefällt mir gar nicht. Dass du jetzt schon fortgehen musst, gefällt mir gar nicht.* In einem Hauptsatz kann der Subjektsatz durch „es" vorweggenommen werden: *Es freut mich, dass du bald wiederkommst.*

Subjunktion

(siehe unter Konjunktion)

Subordination

(die Subordination, lat.: Unterordnung)

Ein Satzgefüge (vgl. auch Hypotaxe) besteht im Grundmodell aus dem Hauptsatz und einem „untergeordneten", vom Hauptsatz abhängigen Nebensatz (Gliedsatz, Attributsatz):

Die Sonne schien. Die Gäste kamen in Strömen.
Weil die Sonne schien, kamen die Gäste   Gliedsatz + Hauptsatz
in Strömen.

Du hast mir ein Buch geliehen. Es ist sehr spannend.
Das Buch, das du mir geliehen hast, ist   Attributsatz + Hauptsatz
sehr spannend.

Substantiv

(das Substantiv, Plural: Substantive, spätlat.: „verbum substantivum", für sich allein, d. h. selbständig bestehendes Wort - Hauptwort; siehe unter Nomen)

Substantivierung

(siehe unter Nominalisierung)

Suffix

(das Suffix, Plural: Suffixe, lat.: angeheftet - Nachsilbe)

> Suffixe werden am Ende eines Stammwortes, eines Wortstammes oder einer Stammsilbe „angeheftet"; sie sind wichtige Bausteine für die Wortbildung und Flexion (Deklination, Konjugation).

Suffixe in der Wortbildung:

Nomen	- Mensch*heit*, Mann*schaft*, Eigen*tum*, Ein-sam*keit,* Tisch*ler*, Zweig*lein*, Empfehl*ung* usw.
Adjektiv	- mut*ig*, deut*lich*, stand*haft*, brauch*bar*, mit-tel*los*, viel*fach* usw.
Verb (Infinitiv)	- ziel*en*, kränk*eln*, blätt*ern*, nummer*ieren* usw.

Suffixe in der Flexion:

Deklination	- (das Kind) des Kind*es*, die Kind*er*; (die Fahrt) die Fahrt*en*; (die Straße) die Straß*en* usw.
Konjugation	- (sag*en*) ich sag*e*, er sag*t*, du sag*test*, sie sag*ten* usw.

Die Beispiele zeigen, dass der Begriff „Suffix" nicht ohne weiteres mit der Bezeichnung „Nachsilbe" (vgl. auch Silbe) gleichgesetzt werden kann. Bei der Wortbildung bestehen die Suffixe zwar meistens auch aus einer Silbe, bei der Flexion jedoch nicht immer (vgl. Morphem). Am Ende einer Zeile werden Suffixe, wenn sie einen Vokal haben, nach Sprechsilben abgetrennt: Eini-gung, Fel-der, Stra-ßen, ge-ben.

Superlativ

(der Superlativ, lat.: herausgehoben - Höchststufe der Steigerung)

> Die meisten Adjektive und einige Adverbien können gesteigert (vgl. Komparation) werden. Der Superlativ ist in der Reihenfolge die „Höchststufe": *groß - größer - **am größten**, oft - öfter - **öftest**.*

Der Superlativ wird mit dem Suffix -est/-st gebildet: *dicht - dichter - **am dichtesten**, klein - kleiner - **der Kleinste**.* Teilweise tritt auch der ☞ Umlaut auf: *jung - jünger - **die Jüngsten***.

Einige Adjektive und Adverbien bilden den Superlativ durch Wortwechsel: *ein guter Schwimmer - die **besten** Schwimmer — Er spielt gern (**am liebsten**) Trompete.*

Neben der grammatischen Form des Superlativs gibt es - vor allem in der Umgangssprache -noch andere Möglichkeiten, um eine Steigerung oder Hervorhebung gegenüber der Grundform (Positiv) darzustellen: *sehr dumm/ strohdumm, überaus alt/ uralt, sehr groß/ riesengroß, am aktuellsten/ hochaktuell, sehr reich/ stinkreich/ steinreich.*

syndetisch

(griech.: verbunden - mit Konjunktion)

> Wenn mehrere Attribute, Satzglieder, Nebensätze oder Hauptsätze durch eine Konjunktion verbunden sind, dann spricht man von einer syndetischen Reihung.

Es ist ein schönes *und* wertvolles Buch.	Attributreihe
Willst du heute *oder* morgen kommen?	Satzgliedreihe
Wenn du kommst *und* wenn du mir helfen willst, dann bin ich dir sehr dankbar.	Gliedsatzreihe
Wir kamen zum vereinbarten Treffpunkt, *aber* Franz war noch nicht da.	Satzreihe

Synonym

(das Synonym, Plural: Synonyme, griech.: bedeutungsgleich)

> **Synonyme sind bedeutungsgleiche oder sinnverwandte Wörter von verschiedener Herkunft (vgl. Wortfeld).**

Meistens stimmen sie aber nicht vollständig in der Bedeutung überein , sondern geben Abstufungen (Nuancen) der Bedeutung wieder:

Wir sehen hier den **Schädel** eines Urpferdes. - Stolz erhob er sein **Haupt** über die Menge. - Er ist ein kluger **Kopf**. - Er hat sich die **Birne** angestoßen..

Wir **gehen** in den Wald. - Wir **wandern** durch den Wald. - Wir **spazieren** durch den Wald. - Sie **stapfen** durchs Dickicht. - Sie **stiefeln** müde hinter uns her.

Syntax

(die Syntax, griech.: Zusammenstellung, Ordnung - Satzlehre)

> Texte und Sätze sind keine zufälligen oder beliebigen Aneinanderreihungen von Wörtern; sie sind gegliedert und nach bestimmten Strukturen aufgebaut, die wiederum jeweils von der Mitteilungsabsicht (vgl. Satzarten) abhängen. Auch können Hauptsätze und Nebensätze komplexe Satzgefüge bilden. In einem übergeordneten Rahmen sind Sätze zu zusammenhängenden Texten miteinander verbunden. Dies alles wird in der Syntax oder Satzlehre behandelt; sie ist neben der Laut-, Wort- und Formenlehre ein wichtiger Bestandteil der Grammatik.

Temporaladverb

(das Temporaladverb, Plural: -adverbien, lat.: Umstandswort der Zeit)

> Das Temporaladverb ist eine inhaltliche Untergliederung zum Adverb; es bezieht sich auf den Zeitpunkt oder die Dauer eines Geschehens.

Er kommt **morgen**.	- *Wann?* (auch: gestern, bald, niemals usw.)
Er hat **neuerdings** eine feste Stelle.	- *Seit wann?* (auch: seither, bisher usw.)
Ich bin **immer** für euch da.	- *Wie lange?* (auch: stets, allezeit usw.)

Temporaladverbiale

(vgl. Adverbiale, lat.: Umstandsangabe der Zeit)

> Das Temporaladverbiale ist eine Untergliederung des adverbialen Satzgliedes; es ist eine Umstandsangabe der Zeit. Es gibt Antwort auf folgende Fragen: Wann? - Bis wann? - Seit wann? - Wie lange? - Wie oft?

Der Regen wird *bald* aufhören. - Das Geschäft bleibt *bis nächste Woche* geschlossen. - *Seit Tagen* warte ich auf eine Nachricht. - Sie blieben *den Winter über* in Spanien. - Wir haben uns *mehrmals* getroffen.

Das Temporaladverbiale kann auch zu einem Temporalsatz (Gliedsatz) erweitert werden: *Solange es regnet*, können wir nicht spielen.

Temporalsatz

(vgl. Adverbialsatz, lat.: Gliedsatz, der über die Zeit und Dauer eines Geschehens Auskunft gibt)

> In einem Satzgefüge kann das Temporaladverbiale zu einem adverbialen Gliedsatz erweitert werden.

Temporaladverbiale	**Temporalsatz**	
Zu Beginn der Pause gingen wir in den Schulhof.	*Als die Pause begann*, gingen wir in den Schulhof.	Wann?
Wir bleiben *die Ferien über* am Meer.	Wir bleiben am Meer, *bis die Ferien zu Ende sind*	Wie lange?

Sie hatten sich *seit der Schulzeit* nicht mehr gesehen.

Sie hatten sich, *seitdem sie die Schule verlassen hatten*, nicht mehr gesehen.

Seit wann?

Temporalsätze werden durch unterordnende Konjunktionen eingeleitet. Diese Konjunktionen sagen nicht nur etwas über Zeitpunkt oder Dauer aus, sie informieren auch über das Zeitgefüge, das zwischen der Aussage des Hauptsatzes und der Aussage des Nebensatzes besteht:

Solange du in meiner Nähe bist, fühle ich mich sicher.
- Gleichzeitigkeit zum Hauptsatz

Nachdem der Schaden repariert worden war, fuhren wir weiter.
- Vorzeitigkeit zum Hauptsatz

Sie verließen die Sitzung, *bevor es zur Abstimmung kam / gekommen war*.
- Nachzeitigkeit zum Hauptsatz

Tempus

(das Tempus, Plural: Tempora , lat.: Zeit)

> Im Deutschen gibt es nach der grammatischen Form (Konjugation) sechs Tempora, die sich auf die drei Zeitstufen verteilen.

Vergangenheit	**Gegenwart**	**Zukunft**
Präteritum	*Präsens*	*Futur I*
er kam	er kommt	er wird kommen
ich wurde geimpft	ich werde geimpft	ich werde geimpft werden
Plusquamperfekt	*Perfekt*	*Futur II*
ich war gekommen /	ich bin gekommen /	ich werde kommen
ich hatte gesagt	ich habe gesagt	
ich war geimpft	ich bin geimpft	ich werde geimpft
worden	worden	worden sein

Text

(nach dem lat. Verb „texere", weben, - „textum", das Gewebte - Gewebe, Gefüge)

> Ein Text ist ein abgeschlossener Sinnzusammenhang. Er besteht aus Sätzen, die den Text gliedern. Beim Sprechen wird die Gliederung durch die Tonführung (Intonation) und durch Pausen im Redefluss angezeigt, beim geschriebenen Text durch Satzzeichen. In einem Text (vgl. auch Kontext) stehen die Sätze nicht für sich allein; sie sind aufeinander bezogen (z. B. durch Pronomina oder nebenordnende Konjunktionen).

Transitives Verb

(lat.: zielendes Verb)

> Man spricht von einem transitiven Verb - im Unterschied zu einem intransitiven Verb -, wenn es als Prädikat in einem Satz notwendig ein Akkusativobjekt nach sich fordert (vgl. Valenz): *Wir kehren die Straße. - Ihr sucht den Ball.*

Transitive Verben bilden im Aktiv die Formen des Perfekts, Plusquamperfekts und Futurs II mit dem Hilfsverb „haben": *Wir haben/hatten die Straße gekehrt. - Bis morgen werden wir den Ball gefunden haben.* Die meisten transitiven Verben können ins Passiv gesetzt werden: *Die Straße wird von uns gekehrt. - Die Straße ist von uns gekehrt worden.*

Trennbares Verb

> Bei den meisten zusammengesetzten oder abgeleiteten Verben, die den Hauptton auf dem Bestimmungswort haben, trennt sich im Präsens und Präteritum des Aktivs das Bestimmungswort bzw. Präfix vom Grundwort (Grundverb); dies gilt aber nur für Hauptsätze.

aufhören (Infinitiv) - Er hört **auf**.(Hauptsatz) - ...,weil er **auf**hört. (Nebensatz)
teilnehmen - An dem Kongress nahmen viele **teil**. - Viele, die **teil**nehmen wollten, ...

Die unterschiedliche Betonung von Präfix und Grundverb kann auch einen Bedeutungsunterschied anzeigen:

umfahren -   um**fahren** -
Er fuhr das Schild **um**.   Sie um**fuhr** das Hindernis.

Allerdings sind nicht alle zusammengesetzten Verben mit Anfangsbetonung auch trennbare Verben. Es gibt einige wenige „Ausnahmen", z.B.: Sie **hand**habte die neue Schaltung bestens. - Wir **gewähr**leisten Ihnen jegliche Hilfe.
Meistens werden diese anfangsbetonten, aber untrennbaren Zusammensetzungen nur im Infinitiv oder als Nomina verwendet: Das Flugzeug musste **not**landen. - Das **Kopf**rechnen machte ihr keine Mühe.

Im Unterschied zu den trennbaren Verben haben die untrennbaren Verben den Hauptton auf dem Grundwort (Grundverb): Er unter**schrieb** den Vertrag. - Sie voll**endete** ihr Werk.

Umlaut

Umlaute sind die Vokale **ä, ö, ü** und der Diphthong **äu**. Die Umlaute entstanden jeweils durch „Aufhellung" des betonten Stammvokals in der Stammsilbe (vgl. auch Wortstamm), bedingt durch ein „i" oder „j" in der nachfolgenden unbetonten Silbe.

Gef**a**hr	-	gef**ä**hrlich	a	-	ä
H**o**f	-	h**ö**flich	o	-	ö
g**u**t	-	g**ü**tig	u	-	ü
bl**au**	-	bl**äu**lich	au	-	äu

Der i-Laut, der den Umlaut hervorgerufen hat, ist nicht mehr in allen Wörtern vorhanden; teilweise ist er zu einem unbetonten „e" verblasst oder auch ganz verschwunden. Geblieben ist aber - auch noch nach Jahrhunderten - der Umlaut.

Der Umlaut ist ein Mittel zur Erweiterung des Wort- und Formenbestandes:

Wortbildung (abgeleitetes Wort)
Wasser - Gewässer; Hof - Gehöft; gut - Güte; laufen - Läufer

Pluralbildung
Gras - Gräser; Sohn - Söhne; Hut - Hüte; Baum - Bäume

Konjugation
ich fahre - du fährst; er zog - er zöge; er muss - sie müssen; ich laufe - sie läuft

Komparation
alt - älter; oft - öfter; jung - jünger; außen - äußerst

Sprachgeschichtlich ist der Umlaut auch wichtig bei der Herausbildung von schwachen Verben aus starken Verben. Dabei wurden die schwachen Verben durch Umlaut aus dem Präteritum des jeweils verwandten (vgl. Wortfamilie) starken Verbs gebildet:

starkes Verb		schwaches Verb	
ich dringe	- ich *drang*	ich *dränge* - ich *drängte*	
ich fahre	- ich *fuhr*	ich *führe* - ich *führte*	

Eine ähnliche Erscheinung ist der e/i-Wechsel im Präsens (Indikativ, Aktiv) der Konjugation: ich helfe - du hilfst; ich werde - es wird.

Unregelmäßige Konjugation
(lat.: vgl. Konjugation)

Die unregelmäßige Konjugation ist - allgemein gesagt - eine Mischform zwischen der schwachen und der starken Konjugation. Sie ist ein Sammelbegriff für die Konjugation der unregelmäßigen Verben, zu denen man auch die Hilfsverben, Modalverben und „wissen" zählt.

Unregelmäßiges Verb

Nach den Stammformen können die unregelmäßigen Verben weder zu den starken noch zu den schwachen Verben gezählt werden. Sie ändern den Stammvokal (vgl. auch Ablaut) und einzelne Konsonanten, haben aber in der 2. Stammform (Präteritum) die Endung -te und in der 3. Stammform (Partizip II) die Endung -t. Dazu kommen noch Sonderformen im Präsens/Aktiv.

kennen - kannte - gekannt Vollverben
denken - dachte - gedacht
wissen - wusste - gewusst

können - konnte - gekonnt Modalverben
dürfen - durfte - gedurft
mögen - mochte - gemocht

haben - hatte - gehabt Hilfsverb

Das Hilfsverb „werden" hat ein schwaches Präteritum und ein starkes Partizip II: *werden - wurde - geworden.* Das Hilfsverb „sein" bildet die 2. und 3. Stammform mit einem anderen Wort: *sein - war - gewesen.*

Unterbegriff

Mehrere Wörter lassen sich dann unter einem Oberbegriff zusammenfassen, wenn sie 1. den inhaltlichen Rahmen des Oberbegriffs erfüllen und 2. weitere Untergliederungen ausdrücken.

Oberbegriff Laubbaum

Unterbegriff Eiche - Buche - Birke - Linde - Kastanie

Die Untergliederung kann auch über mehrere Stufen gehen; entscheidend ist dabei jeweils die Gemeinsamkeit der wichtigsten Merkmale:

                    Pflanzen
            Blumen   Bäume
    Rosen   Gladiolen   Laubbäume   Nadelbäume

Unterordnung

(siehe unter Hypotaxe und Subordination)

Valenz

(die Valenz, lat.: Wertigkeit)

> Zur grammatischen Vollständigkeit, zur „Grundausstattung" eines Satzes (vgl. Satzbauplan) gehören alle Satzglieder, die ein Verb als Prädikat fordert. Dies können ein bis vier Satzglieder unterschiedlicher Art sein; man spricht von der Valenz bzw. Wertigkeit (vgl. auch Rektion) der einzelnen Verben.

Der Vogel / singt. - *Die Blumen* / blühen.	einwertig
Ich / sehe / *einen Stern.* - *Wer* / hilft / *mir*? - *Wir* / denken / *an dich*.	zweiwertig
Ich / bringe / *dir* / *das Buch* / zurück. - *Der Richter* / fragte / *den Angeklagten* / *nach seinem Alibi*.	dreiwertig
Er / warf / *ihm* / *den Vertrag* / *vor die Füße*.	vierwertig (selten!)

Ein und dasselbe Verb kann erstens eine unterschiedliche Valenz haben und zweitens können die geforderten Satzglieder jeweils unterschiedlich besetzt sein; dabei ändert sich aber auch die Bedeutung: *Die Pflanzen* / gingen ein. - *Dieser Ausspruch* / ist / *in die Geschichte* / eingegangen. - Darf / *ich* / *eine Frage* / stellen? - *Sie* / stellte / *das Geschirr* / *auf den Tisch.*

Verb

(lat.: Wort - Zeitwort, Tätigkeitswort)

> Das Verb (vgl. Wortart) wird konjugiert. Im Satz bildet es das Prädikat. Nach der Form der Konjugation spricht man von starken, schwachen und unregelmäßigen Verben.

Man unterscheidet drei Verbgruppen:
- Die **Vollverben** sind die Träger der „Satzaussage": Das Kind *schläft.*
- Die **Modalverben** geben einer Aussage eine bestimmte Richtung: Wenn du gehen *willst*, dann *kannst* du ruhig gehen.
- Die **Hilfsverben** „helfen" beim Bau der mehrteiligen Konjugationsformen: Sie *sind* angekommen. - Er *hatte* gelogen. - Wir *werden* alles regeln. - Die Straße *wurde* gesperrt. - Das Konzert *ist* verschoben *worden*.

Die Vollverben werden inhaltlich unterschiedlich untergliedert:
- **Tätigkeitsverben**   Er *fegt* den Hof. - Sie *schreibt* einen Brief.
- **Vorgangsverben**   Das Eis *schmilzt*. - Die Blätter *welken*.
- **Zustandsverben**   Er *liegt* im Bett. - Wir *saßen* im Freien.

Weitere, eher strukturelle Untergliederungen sind transitives, intransitives, reflexives oder trennbares Verb.

Verbform

> Beim Verb unterscheidet man zwischen infiniten und finiten Verbformen.

Die infiniten Verbformen sind der Infinitiv (*singen, loben*), das Partizip I (*singend, lobend*) und das Partizip II (*gesungen, gelobt*). Die finiten Verbformen nennt man auch die Personalform des Verbs, weil sie - zumindest beim einfachen Prädikat - die Merkmale der Konjugation tragen: *du singst, ihr singt, er lobte, sie lobten.*

Vergleichsform

(siehe unter Komparation)

Verschiebeprobe

> Mit der Verschiebeprobe (auch: Umstellprobe) lassen sich die Satzglieder eines Satzes ermitteln; denn nur Satzglieder - ob ein einzelnes Wort oder eine Wortgruppe - können im Satz verschoben oder umgestellt werden (vgl. auch Inversion). Eine Ausnahme bildet das Prädikat: Wenn es verschoben oder umgestellt wird, dann ändert sich meistens auch die Satzart.

Die Verschiebeprobe zeigt, dass nicht die Wörter, sondern die Satzglieder, die aus einem oder mehreren Wörtern bestehen können, die kleinsten Bestandteile des Satzes sind:

Die Eltern / schenkten / ihrer Tochter / zum Geburtstag / ein neues Fahrrad.
Zum Geburtstag / schenkten / die Eltern / ihrer Tochter / ein neues Fahrrad.
Ihrer Tochter / schenkten / die Eltern / zum Geburtstag / ein neues Fahrrad.
Ein neues Fahrrad / schenkten / die Eltern / ihrer Tochter / zum Geburtstag.

Das Wort (Adjektiv) „neues" ist jeweils nur zusammen mit dem Satzglied „ein neues Fahrrad" verschiebbar; denn es ist kein eigenes Satzglied, sondern nur ein Satzgliedteil, d.h. ein Attribut.

Vokal

(der Vokal, Plural: Vokale, lat.: klangreich - Selbstlaut)

> Vokale sind Silben tragende Laute; zu ihnen gehören auch die Diphthonge und Umlaute:
> Vokale: a - e - i - (y) - o - u
> Diphthonge: au - äu - ei - (ai) - (ay) - (ey) - eu
> Umlaute: ä - ö - ü

Sie können lang oder kurz gesprochen werden; zusätzliche Buchstaben markieren teilweise die Länge oder Kürze:

lahm - Lamm; Beet - Bett; wieder - wider; Ofen - offen; (fein)fühlig - füllig

Bei ähnlichen Wortkörpern aus derselben Wortart (vgl. auch Homonym) ändert sich je nach der Aussprache des Vokals - ob kurz oder lang - die Bedeutung (vgl. auch Phonem, Morphem):

Staat - Stadt; riesig - rissig; beten - betten; fühlen - füllen

Bei mehrsilbigen Wörtern unterscheidet man zwischen Silben, die den Hauptton tragen, und Silben, die den Nebenton tragen oder fast unbetont sind. Da der Akzent - ob als Hauptton oder Nebenton - immer auf dem Vokal liegt, ändert sich auch die Artikulierung des Vokals je nach der Betonung; dies kann so weit gehen, dass der Vokal nur noch als „Stütze" für die Konsonanten mitgehört wird, z.B. bei der Deklination (*unter allen Umständen)* oder Konjugation (*sie sagten*).

Volksetymologie

(griech.: vgl. Etymologie)

> Der Maulwurf heißt nicht deshalb so, weil er „mit dem Maul wirft". Der erste Teil der Zusammensetzung geht auf ein sehr altes Wort aus dem frühen Mittelalter zurück, das „Erdhaufen" bedeutete; er ist also ein „Erdhaufenwerfer". - Der Binger Mäuseturm hat trotz der berühmten Sage nichts mit Mäusen zu tun. Er war ein Mautturm, ein „Zoll"turm für die Schifffahrt auf dem Rhein.

In beiden Fällen hat die Phantasie des „Volkes" nachgeholfen, um Wörtern, deren Herkunft (Etymologie) nicht mehr im Sprachgebrauch bekannt war, einen einleuchtenden Sinn zu geben. Dies nennt man Volksetymologie.

Vollverb

> Vollverben sind Träger der „Satzaussage", des Prädikats, das sie bei einfachen Prädikaten allein und bei mehrgliedrigen Prädikaten mit Hilfe von Hilfsverben bilden.

Inhaltlich untergliedert man sie nach Tätigkeitsverben (*mähen, bügeln*), Vorgangsverben (*blühen, dämmern*) und Zustandsverben (*stehen, ruhen*). Dabei kann man auch noch weiter untergliedern, ob etwas anfängt (*einschlafen)* oder endet (*verblühen*), ob es vermindert (*lächeln)* oder verstärkt (*gröhlen*) wird usw.

Vordersatz

Wenn ein Gliedsatz in einem Satzgefüge dem Hauptsatz voran-
gestellt ist, spricht man von einem Vordersatz; er wird durch ein
Komma vom Hauptsatz abgegrenzt:

Wenn es regnet, muss das Spiel leider ausfallen.

Vorgangspassiv

(lat.: vgl. Passiv)

Beim Passiv (vgl. Genus des Verbs) unterscheidet man zwischen
dem Vorgangspassiv und dem Zustandspassiv, d.h. zwischen Ablauf und Ergebnis.

Die einzelnen Daten wurden nochmals genau überprüft .	Ablauf	(Vorganspassiv)
Diese Überprüfung ist jetzt abgeschlossen; die Untersuchung ist beendet.	Ergebnis	(Zustandspassiv)

Das Vorgangspassiv wird mit den Formen des Hilfsverbs „werden" und
dem Partizip II des jeweiligen Verbs gebildet: Die Firma *wurde* überprüft.
- Die Firma *war* überprüft *worden*.

Vorzeitigkeit

(siehe unter Zeitgefüge)

Weglassprobe

Durch die Weglassprobe (auch: Abstrichprobe) lässt sich ermitteln, welche Satzglieder für die grammatische (nicht unbedingt auch inhaltliche) Vollständigkeit eines Satzes unerlässlich sind. Ein Satz ist dann zumindest grammatisch vollständig, wenn alle Satzglieder besetzt sind, die das Verb im Prädikat fordert (vgl. Valenz). Deshalb unterscheidet man zwischen notwendigen und freien Satzgliedern.

Ein Adverbiale ist meistens ein freies Satzglied, doch im Einzelnen gibt es Überschneidungen; denn auch die inhaltliche Vollständigkeit eines Satzes ist zu berücksichtigen:

Wir / bleiben / (bei diesem Wetter)/ (lieber)/ zu Hause.
- Wir bleiben zu Hause.

(Schon seit langem) / spiele / ich / (mit meinem Freund) / (einmal in der Woche)/ Tennis.
- Ich spiele Tennis. -

Besonders beim zweiten Beispiel zeigt sich , dass der Satz zwar nur wenige notwendige, d.h. vom Verb unmittelbar geforderte Satzglieder hat, dass aber die freien Satzglieder für die inhaltliche Vollständigkeit sehr wohl wichtig sind; denn sie liefern Zusatzinformationen, die dem Satz erst seinen eigentlichen Sinn geben.

Wort

Ein Wort ist eine selbsständige ein- oder mehrsilbige Lautgruppe mit eigener Bedeutung und/oder Funktion; in der Schrift ist die Lautgruppe durch Buchstaben wiedergegeben. Beim Sprechen kann ein Wort vom andern durch Sprechpausen oder -einschnitte abgegrenzt werden; in der schriftlichen Wiedergabe unterscheiden sich die Wörter durch Abstände voneinander. Wörter sind im Lexikon jeweils unter ihrer Grundform zu finden.

Der Wortschatz insgesamt ist nach Wortarten geordnet. In einem Satz oder Text sind Wörter nicht zufällig aneinander gereiht; sie sind entsprechend der jeweiligen Satzart oder dem jeweiligen Satzbauplan miteinander verbunden; dabei verändert sich bei flektierbaren (Flexion) Wörtern die Grundform.

Wörter können durch Zusammensetzung oder durch Ableitungen ihre Grundbedeutung verändern (vgl. auch Wortbildung); für die jeweils genaue Bedeutung ist meistens der Kontext entscheidend.

Wortakzent

(siehe unter Akzent)

Wortart

Der Wortschatz ist nach Wortarten untergliedert. Man unterscheidet zwischen flektierbaren und nicht flektierbaren, d.h. unveränderbaren Wortarten. Darüber hinaus ist aber auch wichtig, welche Aufgaben die Wörter einer bestimmten Wortart jeweils im Satz (vgl. auch Satzglied, Attribut) übernehmen können. Schwieriger ist es, den Bedeutungsrahmen einzelner Wortarten genauer zu beschreiben; denn während beispielsweise ein Nomen inhaltlich - ohne unmittelbaren Bezug auf seine Verwendung im Satz - als Gegenstandswort oder Begriffswort zu bestimmen ist, werden Konjunktionen vor allem nach ihrer Funktion im Satz erklärt.

In den meisten Grammatiken wird der Wortschatz nach zehn Wortarten untergliedert:

I. Flektierbare Wortarten

- Wortarten, die dekliniert (vgl. Deklination) werden:

- Nomen
- Artikel
- Pronomen
- Numerale
- Adjektiv

- Wortart, die konjugiert (vgl. Konjugation) wird:

- Verb

II. Nicht flektierbare (unveränderbare) Wortarten

- Adverb
- Präposition
- Konjunktion
- Interjektion

In manchen Grammatiken sind die unveränderbaren Wortarten unter dem Sammelbegriff Partikeln zusammengefasst. Mit „Partikel" wird aber auch eine - z.T. mit der Interjektion vergleichbare und grammatisch nicht genau bestimmbare - Einfügung in den Satz bezeichnet).

Wortbedeutung
(siehe unter Semantik)

Wortbildung

Jede „lebende" Sprache entwickelt sich weiter: Neue Sachverhalte verlangen neue Bezeichnungen und Wörter; mit der Erweiterung oder Veränderung unseres Wissenshorizontes erweitert oder verändert sich auch der Wortbestand unseres Sprachgebrauchs. Teilweise wird die Notwendigkeit neuer Begriffe durch die Übernahme von Fachbegriffen aus anderen Sprachen in Form von Fremdwörtern „abgedeckt"; aber jede Sprache hat auch für sich selbst die Möglichkeit, aus dem vorhandenen Grundbestand neue Wörter abzuleiten

In der sprachgeschichtlichen Entwicklung waren der Ablaut und der Umlaut sehr wichtig:

singen - Gesang   - Ablaut

Hammer - hämmern   - Umlaut

Eine weitere Möglichkeit zur „aktualisierten" Erweiterung des Wortschatzes ist durch Ableitungen, Zusammensetzungen oder durch Wechsel in der Wortart gegeben.

Wortfamilie

Wörter, die sprachgeschichtlich auf einen gemeinsamen Wortstamm zurückzuführen sind, bilden eine Wortfamilie; sie können verschiedenen Wortarten angehören. Ihre Gemeinsamkeit bezieht sich nur auf die Herkunft (Stammprinzip), aber nicht notwendig auch auf den Inhalt oder die Sinnverwandtschaft wie beim Wortfeld; denn durch Ableitungen und Zusammensetzungen entstehen neue Wörter (vgl. Wortbildung) mit neuen Bedeutungen, und die ursprüngliche Bedeutung des Wortstamms kann dabei ganz zurückgedrängt werden.

Eine andere Bezeichnung für Wortfamilie ist „Wortsippe"; sie charakterisiert noch genauer den Kern des Vergleichs: Wie in einer Familie oder Sippe sind zwar alle Mitglieder irgendwie miteinander verwandt - durch Herkunft oder Einheirat - , aber jeder entwickelt sich anders. So auch kommt es bei den einzelnen Wörtern aus einer Wortfamilie jeweils darauf an, in welchem Zusammenhang (Sachfeld, vgl. auch Kontext) sie stehen oder verwendet werden:

(**fahr-**) *fahren, fuhr, gefahren*

> fahren - ausfahren - verfahren - führen - durchführen - gefährden
>
> Fahrzeug - Fahrschein - Fahrt - Einfahrt - Gefährt - Gefährte - Fähre - Fuhrwerk - Furt - Ausfuhrbestimmungen - Gefahr - Ansteckungsgefahr
>
> fahrtüchtig - fahrlässig - ausführlich - verführerisch - gefährlich - suchtgefährdet
>
> Er *führte* den Auftrag *aus*. - Die *Ausfuhr* von Kunstwerken muss angemeldet werden . - Er berichtete *ausführlich* über das Verfahren.

Wortfeld

> Wörter (auch Wendungen) unterschiedlicher Herkunft die in ih-
> rer Bedeutung verwandt oder vergleichbar sind (vgl. Synonym),
> bilden ein Wortfeld ; sie beziehen sich auf einen gemeinsamen
> Sachverhalt.

Transportmittel für Lasten
Schubkarre, Leiterwagen, Fuhrwerk, Lastkraftwagen (LKW), Güterzug,
Frachter, Containerschiff, Lastensegler, Transportflugzeug, Trägerrake-
te usw.

Temperatur
eiskalt, frostig, um den Gefrierpunkt, kühl, der Jahreszeit entsprechend,
lau, milde, angenehm, unerträglich, tropisch, wie in einem Gewächs-
haus usw.

Bewegung (gehen)
schlendern, sich Zeit lassen, spazieren gehen, einen Fuß vor den anderen setzen, schreiten, wandern, marschieren, laufen, eilen usw.

Ein Wortfeld lässt sich nach der inhaltlichen Nähe oder Ferne der einzelnen Wörter oder Wortgruppen gliedern und anordnen; so entsteht
eine Übersicht der Bedeutungszusammenhänge und - abweichungen:

toben (außer sich sein)   Verzweiflung

   wütend (Wut)   Schmerz

      Zorn (zornig)   niedergeschlagen sein

         sich ärgern (Ärger)   trauern (Trauer, traurig)

Gemütsäußerung

        Freude (sich freuen, voll Freude)

        Heiterkeit (heiter)

        Jubel (vor Freude jubeln)

        Begeisterung (frenetischer Applaus

Dieses Wortfeld oder Bedeutungsfeld kann sehr unterschiedlich aufgebaut sein:

- Die Anordnung geht von einem zentralen Begriff aus, der in seinen
  vielfältigen Verästelungen dargestellt wird: *sich fortbewegen* (laufen,
  schwimmen, fliegen usw.).

- Die Anordnung der Beispiele in dem Wortfeld richtet sich nach dem
  Grad der Ausführung oder nach dem Ergebnis: *Mitleid* (Mitgefühl,
  Hilfe usw.).

- Im Aufbau des Wortfeldes gibt es eine „Rangfolge"; der Oberbegriff
  fasst die Einzelheiten zusammen, die im Unterbegriff aufgezählt werden: *Säugetiere* (Elefant, Maus, Wal usw.).

Wortfrage

> Die Wortfrage ist - nach Inhalt und Satzstruktur - eine eigene Form
> des Fragesatzes; sie heißt auch *Ergänzungsfrage*, weil sich die
> Frage nicht auf den ganzen Satz bezieht, sondern nur auf den
> Inhalt eines einzelnen Satzgliedes. Die Wortfrage beginnt mit „W-
> Wörtern", d.h. mit Fragewörtern: *Wer* behauptet dies? - *Wann*
> kommst du?

Bei einer Wortfrage steht das einfache Prädikat an der zweiten Stelle:

Womit **begründest** du das? -

Das zusammengesetzte Prädikat bildet eine Satzklammer: Der finite
Prädikatsteil steht an der zweiten Stelle; der infinite Prädikatsteil steht am
Satzende:

Wer / **hat** / dies / **behauptet**? - Wann / **könnt** / ihr / **kommen**? - Wo /
kaufst / du / **ein**?

Wortlehre
(siehe unter Morphologie)

Wortstamm

Der Wortstamm ist mit einem Baumstamm zu vergleichen, aus dem in vielen Verästelungen die Baumkrone herauswächst. Diese Verästelungen sind in der Sprache die Wörter einer Wortfamilie, die alle auf einen gemeinsamen Wortstamm zurückgehen bzw. sich aus ihm entwickelt haben. Den Wortstamm - man spricht auch von Wortwurzel oder Stammsilbe - gewinnt man, wenn man von einem Wort die Flexionsendungen und weitere Zusätze der Wortbildung (z. B. Präfix, Suffix, Umlaut, Ablaut) abzieht:

(**sag**-)   sag*en* - sag*te* - *ge*sag*t* - Sag*e* - *An*sage - *aus*sag*en* - *un*säg*lich*

Im Unterschied zum Stammwort, das als selbstständiges Wort im Lexikon zu finden ist, tritt der Wortstamm nicht selbstständig auf; er ist ein gebundenes Morphem:

Stammwort: Tag (Tageszeit, tagen, vertagen, täglich)

Wortstamm: find- (Erfindung, Fund, auffinden, fündig)

Wortstellung

Die Wortfolge in einem Satz ist keine willkürliche oder zufällige Reihung; dies gilt auch für die Satzglieder. An der Stellung des Prädikats beispielsweise erkennt man, ob es sich um einen Haupt- oder Nebensatz handelt. In Hauptsätzen bildet das mehrteilige Prädikat eine Satz- bzw. Verbklammer, die andere Satzglieder - meist Objekte und Adverbialien - umschließt. Im Aussagesatz (vgl. Satzart) steht das Subjekt normalerweise an erster Stelle; durch Inversion kann an diese betonte Satzstelle auch ein anderes Satzglied treten.

Wunschsatz

In den Grammatiken wird der Wunschsatz meistens nicht als eigene Satzart dargestellt; er wird in Verbindung mit dem Aufforderungssatz beschrieben, weil die Satzglieder ähnlich angeordnet sind (z. B. Anfangsstellung des finiten Prädikatsteils). Auch könnte man sagen, dass der Wunschsatz ein abgemilderter Aufforderungs- oder Befehlssatz ist; denn ein auffallendes Merkmal ist die bevorzugte Verwendung des Konjunktivs anstelle des Imperativs: *Käme* er doch etwas früher! - *Mögest* du immer Glück *haben*!

Der unerfüllbare oder unwirkliche Wunsch wird durch den Konjunktiv II ausgedrückt (vgl. Irrealis): *Hättest* du mir doch etwas *gesagt*! - Irreale Wünsche können auch in der Form eines verkürzten Satzgefüges wiedergegeben werden: *Wenn er nur etwas vorsichtiger gefahren wäre!* (Dann hätte der Unfall vermieden werden können.)

Zahlwort
(siehe unter Numerale)

Zeichensetzung
(siehe unter Satzzeichen)

Zeitgefüge

Jede Aussage hat einen zeitlichen Bezugspunkt, von dem aus jemand etwas betrachtet. Ob ein Geschehen **vorzeitig**, **gleichzeitig** oder **nachzeitig** zu einem anderen Geschehen ist, hängt immer vom gewählten zeitlichen Bezugspunkt ab. Zeitverhältnisse (vgl. auch Zeitstufen) werden durch das jeweilige Tempus, ein Modalverb , ein Temporaladverb/-adverbiale oder eine Konjunktion ausgedrückt.

Bezugspunkt: Gegenwart
Ich habe den Fehler gefunden. Jetzt ist die Reparatur kein Problem mehr.   vorzeitig

Solange es regnet, bleibe ich zu Hause.   gleichzeitig
Ich überlege, ob ich nicht noch einiges zu erledigen habe.   nachzeitig

Bezugspunkt: Vergangenheit
Nachdem ich mich genau informiert hatte,   vorzeitig
unterschrieb ich den Vertrag.
Während ich frühstückte, läutete das Telefon.   gleichzeitig
Ich wollte mit ihm reden, aber die Verbindung   nachzeitig
kam nicht zustande.

Bezugspunkt: Zukunft
Schauen Sie morgen Mittag vorbei. Dann werden wir Ihr
Auto repariert haben.   vorzeitig
Wenn Sie morgen Zeit haben, werden wir über die   gleichzeitig
Einzelheiten reden können.
Schwierigkeiten wird es morgen geben, wenn wir dann
erst noch über weitere Anträge abstimmen sollen.   nachzeitig

Zeitstufen

> Meistens stimmen die grammatischen Tempora des Verbs bei der Konjugation mit den Zeitstufen - Gegenwart, Vergangenheit, Zukunft - überein. Es gibt aber auch Abweichungen. In diesen Fällen wird die Zeitstufe durch andere sprachliche Mittel als die grammatischen Tempora wiedergegeben, hauptsächlich durch ein Temporaladverb bzw. Temporaladverbiale. Wichtig ist dabei der Kontext.

Dazu einige Beispiele (weitere Einzelheiten bei den einzelnen Tempora):

	Tempus	**Zeitstufe**
Es hat lange gedauert; aber jetzt habe ich es endlich begriffen.	Perfekt	Gegenwart
Wenn du es sagst, dann wird es auch so gewesen sein.	Futur II	Vergangenheit
Sie kommt morgen zurück.	Präsens	Zukunft

Ziffer

(arab.: Null, leer - Zahlzeichen)

> Ziffern sind Schreibzeichen zur Darstellung von Zahlen. Im Dezimalsystem (Zehnersystem) können mit Hilfe der zehn Grundzeichen (0 - 1 - 2 - 3 - 4 - 5 - 6 - 7 - 8 - 9) alle Zahlenwerte wiedergegeben werden:
> 35 (fünfunddreißig) -
> 41 276 (einundvierzigtausendzweihundertsechsundsiebzig)

Dabei ist zu beachten, dass bei der Wiedergabe in Ziffern die „Zehner" jeweils vor den „Einern" stehen (auch innerhalb größerer Zahlenkombinationen), dass aber bei der *ausgeschriebenen* und *mündlichen* Wiedergabe die „Einer" jeweils vor den „Zehnern" genannt werden:

24 (nach Ziffern: zwanzig/vier)   - *vier*und*zwanzig*
135 (nach Ziffern: hundert/dreißig/fünf)   - hundert*fünf*und*dreißig*

Als Schreibzeichen für die Zahlen werden heute allgemein die *arabischen Ziffern* verwendet. Seltener sind die *römischen Ziffern*; man findet sie noch in älteren Texten, auf Uhren ober bei Reihenfolgen. Die römischen Ziffern gehen zwar auch vom Zehnersystem aus, aber sie haben bereits für die Zahlen 1-9 verschiedene Zeichenkombinationen; größere Zahlen werden mit eigenen Zeichen wiedergegeben. Als Regel gilt, dass höchstens drei gleiche Zahlzeichen hintereinander geschrieben werden dürfen. Die Zahlen „vier" und „neun" (auch in längeren Zahlenangaben) werden im „Abzugsverfahren" dargestellt; vor der größeren Zahl steht jeweils die kleinere Zahl, die von der größeren abgezogen wird:

I	(eins)	L	(fünfzig)	
II	(zwei)	C	(hundert)	
III	(drei)	D	(fünfhundert)	
IV	(vier / „fünf weniger eins")	M	(tausend)	
V	(fünf)			
VI	(sechs / „fünf und eins")	Beispiele:		
VII	(sieben / „fünf und zwei")	XIX	(19)	
VIII	(acht / „fünf und drei")	LXXXIV	(84)	
IX	(neun / „zehn weniger eins")	CDLII	(452)	
X	(zehn)	MCMXLV	(1945)	

Wenn eine Ziffer für eine Ordinalzahl steht, dann wird sie mit einem Punkt gekennzeichnet:

am 24. Mai   - am vierundzwanzigsten Mai
Heinrich VIII.   - Heinrich der Achte

Dies gilt auch für Aufzählungen: Erstens, zweitens, drittens usw. (1., 2., 3. / I., II., III. usw.)

Zusammenschreibung

Allgemein kann man sagen: Die Getrenntschreibung auch inhaltlich aufeinander bezogener Wörter ist der Normalfall; die Zusammenschreibung bildet eher die Ausnahme.

Eine Mittelstellung haben die trennbaren Verben; ihre Schreibweise hängt jeweils von der Verwendung im Satz ab. In einem ersten Überblick kann man drei Kriterien zur Zusammenschreibung nennen:

- Das Grundwort (vgl. auch Zusammensetzung) ist ein Nomen: *Fahrplan*.
- Mindestens e i n Bestandteil der Zusammensetzung oder Ableitung kommt in dieser Form nicht als selbstständiges Wort vor: **miss***fallen,* **wiss***begierig.*
- Der adjektivische Bestandteil ist weder steigerbar (vgl. Komparation) noch erweiterbar: **wahr***sagen,* **nass***kalt.*

Diese Kriterien reichen aber im Einzelnen nicht aus. Die folgende Übersicht zur Zusammenschreibung ist nach der Wortart des jeweils letzten Bestandteils der Zusammensetzung gegliedert.

Nomen

*Sach**buch**, Mittwoch**abend**, Kurz**geschichte**, Innen**raum*** — Nomen als Grundwort der Zusammensetzung

(Ebenfalls zusammengeschrieben werden Nominalisierungen ursprünglich getrennt geschriebener Wortgruppen: *Ich werde den Text* **auswendig lernen**. *- Das* **Auswendiglernen** *des ganzen Textes ist nicht so einfach.* Längere Nominalisierungen werden zum besseren Verständnis mit Bindestrichen geschrieben: *Ich habe das* **Auf-die-lange-Bank-Schieben** *endlich satt.*)

Verb

Sie **wetteiferte** *mit den Besten. - Warum* **langweilst** *du dich? - Ich* **wiederhole** *den Satz. - Ich* **unterstelle** *niemandem etwas.* — untrennbare Verben, deren Bestandteile in allen Konjugationsformen (Konjugation) zusammenbleiben

(Bedeutung und Schreibweise können sich aber bei Betonungswechsel - **unterstéllen, únterstellen** - im Übergang von einem untrennbaren zu einem trennbaren Verb ändern: *Ich* **unterstélle** *Ihnen gar nichts. - Ich* **stelle** *mein Auto bei einem Freund* **únter**.)

*Ich möchte die Zeitung **ab**bestellen. -* *Könntest du das Buch **zurück**bringen?*	- Präposition oder einfaches Adverb + Verb
*Wann soll die Sitzung **statt**finden? -* *Sie **wett**eiferten mit den Besten.*	- (verblasstes) Nomen + Verb
*Das kannst du mir nicht **weis**machen. -* *Wir mussten einen neuen Termin* ***fest**setzen.*	- Zusammensetzung mit ei- nem Adjektiv, das in dieser Form nicht als selbst- ständiges Wort vorkommt oder weder gesteigert noch erweitert werden kann.

Adjektiv

*eine **hitze**beständige Platte* (gegen Hitze beständig), *eine **alters**bedingte Erschei-* *nung* (durch das Alter bedingt), *eine* ***irre**führende Meinung* (in die Irre führend)	- Der erste Bestandteil steht für eine verkürzte Wort- gruppe.
*eine mehr**deutige** Antwort, eine **müh**-* *selige Arbeit*	- Einer der Bestandteile kommt in dieser Form nicht selbsständig vor.
eine hellgrüne Jacke, süßsaure *Gurken, ein feuchtheißes Klima*	- Beide Bestandteile aus Adjektiven sind gleichran- gig.
***brand**neu, **stein**reich, **lau**warm,* ***minder**wertig*	- Der erste Bestandteil verstärkt oder mindert die Bedeutung.

Weitere Wortarten

Mehrteilige Adverbien, Konjunktionen, Präpositionen und Pronomina
werden zusammengeschrieben, wenn die Wortart, Wortform oder Bedeutung der einzelnen Bestandteile nicht mehr deutlich erkennbar sind:

*Wir sehen uns **allerdings manchmal*** *auch **tagsüber**.*	- Adverbien
***Sobald** oder **sooft** du anrufst, komme* *ich.*	- Konjunktionen
***Anhand** der Anleitung baute er das Zelt* ***inmitten** der Wiese auf.*	- Präpositionen
*Wenn **irgendjemand** von mir **irgend-*** ***etwas** will, dann kann er mich ja anrufen.*	- Pronomina mit „irgend-"

Zusammensetzung

Zusammensetzungen sind Wörter, die aus zwei oder mehreren selbstständig vorkommenden Wörtern entstanden sind. Das Bestimmungswort und das Grundwort können aus der gleichen oder einer jeweils anderen Wortart stammen.

Die Wortart der Zusammensetzung richtet sich nach dem Grundwort; bei einem zusammengesetzten Nomen richtet sich auch das Genus nach dem Grundwort. Das Bestimmungswort gibt - wie die Bezeichnung schon sagt - eine genauere Bestimmung des Grundwortes:

Bestimmungs-wort	Grundwort	Zusammen-setzung	
der Beton	die Brücke	die Betonbrücke	(eine Brücke aus Beton)
die Last	der Wagen	der Lastwagen	(ein Wagen zum Transport von Lasten)
die Woche	der Lohn	der Wochenlohn	(der Lohn für eine Woche)
der Himmel	blau	himmelblau	(blau wie der Himmel)
fahren	bereit	fahrbereit	(bereit zum Fahren)
heim (das Heim)	fahren	heimfahren	(nach Hause fahren)

Wenn bei einem Nomen Bestimmungswort und Grundwort miteinander ausgetauscht werden, dann ändert sich auch der Inhalt der Zusammensetzung:

Bestimmungs-wort	Grundwort	Zusammen-setzung	
die Stadt	die Grenze	die Stadtgrenze	(die Grenze der Stadt)
die Grenze	die Stadt	die Grenzstadt	(die Stadt an der Grenze)
das Haus	das Gerät	das Hausgerät	(ein Gerät zur Benutzung im Haus)
das Gerät	das Haus	das Gerätehaus	(ein Haus zum Aufbewahren von Geräten)

Das Bestimmungswort und das Grundwort können selbst schon Zusammensetzungen sein:
*Mondschein*tarif, *Wochenend*ticket, *Schifffahrts*gesellschaft, Monats*fahrkarte*, Haupt*bahnhof*, Boxwettkampf

Zustandspassiv

(lat.: vgl. Passiv)

Beim Passiv (vgl. Genus des Verbs) ist zwischen dem Vorgangspassiv und dem Zustandspassiv zu unterscheiden.

Das Fenster *wird* geschlossen.   Vorgangspassiv
Das Fenster *ist* geschlossen.   Zustandspassiv

Das Zustandspassiv ist sozusagen das „Ergebnis" des Vorgangspassivs;
es wird mit den Formen des Hilfsverbs „sein" und dem Partizip II des
jeweiligen Verbs gebildet: Das Fenster *ist* geschlossen. - Das Fenster *war*
geschlossen *gewesen*.

Alphabetisches Verzeichnis der grammatischen Grundbegriffe

Deutsche Entsprechungen zu einzelnen lateinischen und griechischen Fachbegriffen

Abstraktum	Begriffswort
Adjektiv	Eigenschaftswort
Adverb	Umstandswort
Adverbiale	Umstandsangabe, Umstandsbestimmung
Adversativsatz	Gliedsatz des Gegensatzes
Akkusativ	Wen-Fall, 4. Fall
Akkusativobjekt	Ergänzung im Wen-Fall / 4. Fall
Aktiv	Tatform, Tätigkeitsform
Akzent	Betonung
Apposition	Beistellung, Beisatz
Artikel	Geschlechtswort
asyndetisch	unverbunden
Attribut	Beifügung, Satzgliedteil
Dativ	Wem-Fall, 3. Fall
Dativobjekt	Ergänzung im Wem-Fall / 3. Fall
Deklination	Beugung des Nomens, seiner Begleiter und Stellvertreter
Demonstrativpronomen	hinweisendes Fürwort
denotativ	(Grundbedeutung eines Wortes)
Diminutivum	Verkleinerung
Diphthong	Zwielaut
Ellipse	Auslassung, Auslassungssatz
Etymologie	Wortgeschichte, Lehre von der Herkunft der Wörter
Femininum, feminin	weibliches Genus, weiblich
Finaladverbiale	Umstandsangabe des Zwecks oder Ziels
Finalsatz	Absichtssatz, Gliedsatz des Zwecks oder Ziels
finit	bestimmt (durch die Personalform)
Flexion	Beugung der Wörter (Sammelbegriff für Deklination und Konjugation)
Futur	Zukunft
Futur I	einfache Zukunft, Erwartungsstufe
Futur II	vollendete Zukunft
Genitiv	Wes-Fall, 2. Fall
Genitivobjekt	Ergänzung im Wes-Fall / 2. Fall
Genus	1.) Geschlecht des Nomens; 2.) Handlungsrichtung, Aktionsart des Verbs

Homonyme	gleich lautende Wörter (mit unterschiedlicher Bedeutung)
Hypotaxe	Unterordnung, Satzgefüge
Imperativ	Befehlsform
Imperfekt	unvollendete Vergangenheit, 1. Vergangen-heit, Erzählzeit
Indefinitpronomen	unbestimmtes Fürwort
Indikativ	Wirklichkeitsform
infinit	unbestimmt (ohne Personalform)
Infinitiv	Nennform, Grundform des Verbs
Instrumentaladverbiale	Umstandsangabe des Mittels
Instrumentalsatz	Gliedsatz des Mittels
Interjektion	Ausrufewort (-wörter)
Interpunktion	Zeichensetzung
Interrogativpronomen	Fragefürwort, Fragewort
Intonation	Stimmführung, Sprechmelodie, Satzmelodie
intransitives Verb	nichtzielendes Zeitwort; Verb, das nicht den Akkusativ regiert
Inversion	Umkehrung (der Satzglieder)
Irrealis	Unwirklichkeitsform
Kardinalzahl	Grundzahl
Kasus	Fall
Kausaladverb	Umstandswort des Grundes
Kausaladverbiale	Umstandsangabe des Grundes
Kausalsatz	Gliedsatz des Grundes
Komparation	Steigerung, Vergleichsstufen, Vergleichs-formen
Komparativ	1. Steigerungsstufe, Vergleichsstufe
Kompositum	Zusammensetzung, zusammengesetztes Wort
Konditionaladverbiale	Umstandsandsangabe der Bedingung
Konditionalsatz	Gliedsatz der Bedingung, Bedingungssatz
Kongruenz	Übereinstimmung (zwischen Wörtern oder Satzgliedern)
Konjugation	Beugung des Verbs
Konjunktion	Bindewort
Konjunktionalsatz	Gliedsatz mit Bindewort
Konjunktiv	Möglichkeitsform, Unwirklichkeitsform
Konjunktiv I	Möglichkeitsform
Konjunktiv II	(meistens) Unwirklichkeitsform
Konkretum	Gegenstandswort
konnotativ	(Nebenbedeutung eines Wortes)
Konsekutivadverbiale	Umstandsangabe der Folge
Konsekutivsatz	Gliedsatz der Folge, Folgesatz
Konsonant	Mitlaut
Kontext	Sinnzusammenhang

Konzessivadverbiale	Umstandsangabe der Einräumung
Konzessivsatz	Gliedsatz der Einräumung
Koordination	Gleichordnung, Nebenordnung
Lokaladverb	Umstandswort des Ortes und der Richtung
Lokaladverbiale	Umstandsangabe des Ortes und der Richtung
Lokalsatz	Gliedsatz des Ortes und der Richtung
Maskulinum, maskulin	männliches Genus, männlich
Metapher	übertragene, bildliche Bedeutung
Metonymie	Umbenennung, Namensvertauschung
Modaladverb	Umstandswort der Art und Weise
Modaladverbiale	Umstandsangabe der Art und Weise
Modalsatz	Gliedsatz der Art und Weise
Modalverb	abstufendes (modifizierendes) Hilfszeitwort
Modus	Aussageweise
Morphem	kleinste bedeutungstragende Einheit der Sprache
Morphologie	Wortlehre
Negation	Verneinung
Neologismus	Wortneuschöpfung, Neuwort
Neutrum, neutral	sächliches Genus, sächlich
Nomen	Hauptwort, Nennwort, Namenwort, Dingwort
Nominalisierung	Wortartwechsel (zum Nomen)
Nominativ	Wer-Fall, 1. Fall
Numerale	Zahlwort
Numerus	Zahl (Einzahl, Mehrzahl)
Objekt	Ergänzung
Objektsatz	Ergänzungssatz
Ordinalzahl	Ordnungszahl
Paralleldeklination	Beugung nebengeordneter Adjektive
Paraphrase	Umschreibung
Parataxe	Nebenordnung, Gleichordnung
Parenthese	Einschub, Schaltsatz
Partikel	Teilchen; unveränderbare Wortart
Partizip	Mittelwort
Partizip I	Mittelwort der Gegenwart
Partizip II	Mittelwort der Vergangenheit
Partizipialsatz	satzwertiges Partizip
Passiv	Leideform
Perfekt	Vollendete Gegenwart, 2. Vergangenheit
Personalform	bestimmte (finite) Form des Verbs
Personalpronomen	persönliches Fürwort
Phonem	kleinste bedeutungsunterscheidende Einheit der Sprache

Phonetik	Lautlehre
Plural	Mehrzahl
Plusquamperfekt	vollendete Vergangenheit, Vorvergangenheit, 3. Vergangenheit
Positiv	Grundstufe (bei der Steigerung)
Possessivpronomen	Besitz anzeigendes Fürwort
Postposition	nachgestelltes Verhältniswort
Potentialis	Möglichkeitsform
Prädikat	Satzaussage
Prädikativsatz	Gleichsetzungssatz, Gliedsatz für eine Gleichsetzungsgröße
Prädikativum	Gleichsetzungsgröße
Präfix	Vorsilbe
Präposition	Verhältniswort
Präpositionalobjekt	Ergänzung mit Verhältniswort
Präsens	Gegenwart
Präteritum	Erzählzeit, 1. Vergangenheit
Pronomen	Fürwort
Pronominaladverb	Umstandsfürwort
reflexives Verb	rückbezügliches Zeitwort
Reflexivpronomen	rückbezügliches Fürwort
Rektion	Verbindung eines Wortes mit einem bestimmten Fall
Relativpronomen	bezügliches Fürwort
Relativsatz	Bezugssatz
Semantik	Bedeutungslehre
Singular	Einzahl
Subjekt	Satzgegenstand
Subjektsatz	Gliedsatz anstelle des Satzgegenstandes
Subjunktion	unterordnendes Bindewort
Subordination	Unterordnung, Satzgefüge
Substantiv	vgl. Nomen
Substantivierung	vgl. Nominalisierung
Suffix	Nachsilbe
Superlativ	Höchststufe, 2. Steigerungsstufe
syndetisch	verbunden
Synonyme	bedeutungsähnliche Wörter (unterschiedlicher Herkunft)
Syntax	Satzlehre
Temporaladverb	Umstandswort der Zeit, Zeitadverb
Temporaladverbiale	Umstandsangabe der Zeit, Zeitangabe
Temporalsatz	Gliedsatz der Zeitangabe
Tempus	Zeitform

transitives Verb	zielendes Zeitwort; Verb, das den Akkusativ verlangt
Valenz	Wertigkeit
Verb	Zeitwort, Tätigkeitswort
Vokal	Selbstlaut

Bibliographische Hinweise

BUSSMANN, Hadumod: Lexikon der Sprachwissenschaft, Alfred Kröner Verlag, Stuttgart 199o

DUDEN: Rechtschreibung der deutschen Sprache, Dudenverlag, Mannheim 1996

EISENBERG, Peter: Grundriss der deutschen Grammatik, Verlag J.B. Metzler, Stuttgart 1994

GLÜCK, Helmut (Hg.): Metzler-Lexikon Sprache, Verlag J.B. Metzler, Stuttgart 1993

HENTSCHEL, Elke / WEYDT, Harald: Handbuch der deutschen Grammatik, Verlag Walter de Gruyter, Berlin 1994

HERMANN, Ursula: Die neue deutsche Rechtschreibung, Bertelsmann Lexikon Verlag, Gütersloh 1996

WEINRICH, Harald: Textgrammatik der deutschen Sprache, Dudenverlag, Mannheim 1993